« Voici une publication qui a la prétention de ne ressembler à aucune autre. » — M. DE HIC-HÆC-HOC et
autres lieux, *Poisson de mars et avril* 1840, p. 1, t. I.

Ceci est un livre de bonne foy....

Maison de confiance........ Combien, depuis Montaigne, d'écrits et de magasins que cette double enseigne
n'a pas mis à l'abri de la défiance et des dédains du chaland
et de l'amateur ?

Mon livre à moi est un livre de colère..... de colère et
de moquerie. Colère d'un honnête homme, à qui un autre
homme de l'espèce de ceux qu'on est convenu d'appeler
puissans, a arraché son gagne-pain ; colère d'un obscur
homme lettré, lâchement dépouillé, plus lâchement encore
délaissé, par un brillant homme de lettres ; juste et inoffen-
sive colère de Nicolas CIRIER, qui n'est rien...

l'obscurité vaut mieux que tant de renommée. — *Les Horaces.*

contre Pierre LEBRUN, qui est un peu plus qu'académicien.

Tout exemplaire non pourvu de mon sceau (SUPER-
EMINEAT CARITAS) sera réputé contrefait..... Les personnes simples et timorées, qui se scandaliseraient de voir
figurer en tête d'un pamphlet ce grand, ce beau, ce précieux,
ce vénérable mot CHARITÉ, je les renverrai au bas de la
page 14 (AFIN QUE LES AUTRES...) et à la p. 62, l. 16 :
« L'attaque et même l'indignation , la haine selon la charité, etc. »

« Le panier monte, monte, et fait monter son maître.
Mais las ! à mi-chemin, revers inattendu !
la corbeille s'arrête; il reste suspendu
      entre la rue et la fenêtre.

      Il fut reconnu des passans,
quoique dans ses deux mains il cachât son visage.

      En passant, le roi, courroucé
de voir un si grand homme à ce point offensé,
    jura de punir tant d'audace :
    mais quand il sut............. » — *Mercure
de France*, 5 janvier 1785.

On voit que le très méchant bon-tour de nos aimables, généreux, *fidèles* étudians (qui, dans le cours d'une année CLASSIQUE, « *font trois femmes*, culottent cinq pipes, etc.)», n'était que du réchauffé... tout comme la prose et les vers de MM. tels et tels, qui ne s'en vantent pas, et souvent ne s'en doutent guère. IMBERT lui-même, l'auteur de cette pièce, n'a fait que traduire et broder un ancien fabliau.

    . . . . J'oubliais que je ne me suis pas fait imprimer pour donner de la critique... de la critique littéraire, mais bien pour attirer et fixer l'attention du public *employé*, *employable*, *ex-employé*, sur le GRAND HOMME dont ci-dessus la tête et les deux mains... MAIN du *palmipède* désigné ci-après en grosses lettres, et qui a fourni à Lessing le sujet d'une fable; MAIN d'un de ces *rapaces* « aux fortes serres, au bec crochu, » comme dit Cuvier..... Je suis confus que la grossièreté de cette vignette, qui est pourtant mon chef-d'œuvre, ait rendu nécessaire un petit commentaire à l'antique.

    L'année passée, M. Lebrun *de Nauprique* eut l'extrême bonté de faire remarquer aux personnes bienveillantes qui voulaient presque malgré moi me faire rentrer à l'Imprimerie Royale, que ma position désormais y serait *fausse* : je me permettrai aujourd'hui de demander à mon digne administrateur si sa *position* à lui est bien franche en ce moment, et comment il se trouve dans MA corbeille, pendu, en manière de *copie*, à MON *visorium*..... MA, parce que je l'ai charpentée. *Civier sculpsit* ; deux fois MON, parce que, pour cette autre gravure, œuvre aussi de mon canif, j'ai dessiné d'après nature le précieux ustensile, mien également, sur lequel je n'ai jamais cessé de compter....., et que je viens en effet de reprendre, pour m'en servir, en qualité d'ouvrier compositeur, dans l'atelier de M. J.-B. Gros.— Voir l'*appendice* de la p. 58.

    Aspice donc;

        Aspice Pierrot pendu,
        qui *hunc librum* n'a pas rendu :
        si *hunc librum reddidisset*
        Pierrot pendu *non fuisset*.

    Voyez ! voyez monter, descendre ou stationner M. Pierre Lebrun (de l'Institut), au bruit d'une maussade harmonie dont j'ai lâché les premières notes... Entendez-vous la ROULANCE ?

    Le verbeux La Bruyère de notre siècle, M. Curmer, par l'intermédiaire de son malin COMPOSITEUR TYPOGRAPHE, se fera un vrai plaisir de vous apprendre ce que c'est qu'une *roulance*, à vous tous qui n'êtes point typographes, à vous tout le premier M. Lebrun , qui avez toujours été trop *éminent* (comme disait Besnard) pour vous mettre au fait de nos mœurs, us et coutumes ; à vous, M. Lebrun, qui, depuis si long-temps , juché sur le plus haut bâton du perchoir de l'*immortalité*, n'avez jamais conversé avec de simples mortels : un peu différent, en ce dernier point, de la suprême et toute-bonne divinité qu'a dignement célébrée Santeuil :

        *Altis secum habitans in penetralibus,
        se rex ipse suo contuitu beat;
        illabensque, sui PRODIGUS, intimis
        sese mentibus inserit.*

    Cette brutale musique, la roulance, je le sais, n'est guère à l'usage, comme elle ne saurait être du goût, d'un chef d'imprimerie, ne fût-il que prote : mais il y a commencement à tout...

A TOUT SEIGNEUR TOUT HONNEUR ! — Cette vignette, que nous avons pris seulement la peine d'amplifier (dans la proportion de 1 à 9) nous en restituons toute la gloire au CALENDRIER DROLATIQUE 1840.

Notre profond respect pour la propriété { foncière et mobilière, littéraire et artistique, bureaucratique, etc. etc. } nous faisait un rigoureux devoir de cette réparation telle quelle.

«NICOLAS !... voudriez-vous m'offenser ? seriez-vous, par hasard, venu ici dans cette intention ?

— Moi, monseigneur ? Dieu m'en garde ! *

= En ce cas, brisons là, s'il vous plaît. Vous saurez que rien ne m'oblige.......

— Rien ?.... c'est beaucoup dire, monseigneur. Il me semble que votre vieux serviteur......»

(M. PEIGNÉ, correcteur à l'Imprim. royale, dans l'ouvrage intitulé AMBROISE ou LE TRIOMPHE DE LA FOI, p. 398.)

* «L'ardeur de se montrer, et non pas de médire, arma la Vérité, des vers de la satire.

Venger l'humble vertu, de la richesse altière, et l'honnête homme à pied du faquin en litière. » Boileau

MÉMOIRE

A L'APPUI D'UNE PÉTITION.

CUIQUE SUUM.

« Nicolas CIRIER, ancien correcteur à l'Imprimerie Royale, sollicite, en sa qualité d'homme de lettres ayant droit à des encouragemens, une pension de quinze cents francs.

Il demande que cette somme soit annuellement prélevée sur le traitement d'un fonctionnaire inique, qui ne lui a pas permis de poursuivre sa carrière dans ledit établissement. »

(*Chambre des Députés, 1840.*)

Le chanoine les * voit, de colère embrasé.
Attendez, leur dit-il, couple lâche et rusé,
et jugez si ma main, aux grands exploits novice,
lance à ses ennemis un livre qui moilisse. — *Lutrin*, V.

* L. et B. — Voyez p. 15, l. 4 et l. dern.; p. 17, l. 26 et 30; I, p. 1re, l. 10; II, p. 23, l. 18.

CONSCIENTIA RECTI.

« Nicolas !.... voudriez-vous m'offenser? seriez-vous, par hasard, venu ici dans cette intention?

— Moi, monseigneur? Dieu m'en garde!

— En ce cas, brisons là, s'il vous plaît. Vous saurez que rien ne m'oblige...

— Rien?...... c'est beaucoup dire, monseigneur. Il me semble que votre vieux serviteur..... »

M. PEIGNÉ, correcteur à l'Imprimerie Royale, dans l'ouvrage intitulé *Ambroise ou le Triomphe de la foi*, p. 398.

1828 — 1836.

Copie de la **LETTRE D'ENVOI** (Envoi manqué,
voir p. 59 : *Une catastrophe imprévue....*) de mes
Adieux à la bande noire, présomptif avant-goût
du *Pamphlet* dont ci–contre la Dédiquasse.

« Il ne m'est ni permis ni possible, monsieur, d'oublier jamais la touchante péroraison de votre réponse (en 1836) à ma lettre de démission;
toujours je me rappellerai ces deux lignes (*), assez profondément impré-
gnées du parfum de votre bonté pour m'étourdir sur ce que le corps de
ladite missive pouvait avoir de dur, d'inique et de calomnieux.

Le moins que je pusse faire pour reconnaître tant de bienveillance,
c'était sans doute d'aller A TOUT LE MOINS UNE FOIS L'AN m'inscrire
chez votre double suisse au nombre de vos cliens les plus dévoués, les
plus humbles,

mané salutantum undâ,

de vos cliens les plus désintéressés, puisque, depuis bientôt quatre ans, il
n'y a plus pour moi de sportule.....

Mille pardons, monsieur, si j'ai pu, notamment en cet an de grâce 1840,
séculaire année très peu typographique (vous ne vous en doutiez pas), si
j'ai pu, dis-je, manquer à un impérieux devoir. Je sais quelque gré à la
rimaillerie ci-jointe (p. 60), à ces *Adieux*, avant-goût d'un pamphlet,
qui me font penser à réparer ma faute en me fournissant l'occasion d'informer votre honorable sollicitude, que votre ex-employé n'est encore mort
ni de faim, ni de colère, et qu'il vous souhaite une santé........ car que
pourriez-vous demander à présent? une santé aussi robuste que celle dont
la Providence veut bien continuer à gratifier   Niq. CIRIER. »

(*) « ..... Il suffit que vous ayez fait partie de cette administration pour que je ne
cesse de vous porter le plus véritable intérêt. »

Notre prudent imprimeur ayant refusé d'aller plus loin, de tirer ce qui était déjà sous presse, nous nous trouvons, nous qui voulons la publicité complète autant que possible, nous nous trouverons dans la nécessité de tirer de nos doigts les cent exemplaires du restant de la page:

«.... il y a commencement à tout.... Eh! pourquoi ne roulerait-on pas un sot administrateur, et surtout un méchant ou plutôt un lâche administrateur?

Oui, lâche!.... il l'a été, pour sûr, ce grand, ce beau M. Lebrun, qui m'a si bêtement refusé le peu, le très peu, l'infiniment peu que j'ai eu la bonhomie de lui réclamer. — Voyez l'apprentif Administrateur, n° II, bas de la page 23. »

n. B. — La même prudence de l'Imprimeur l'a fait nous forcer à remplacer de Vaupiqué, avant le tirage par du blanc, et par du noir après le tirage : le lecteur est instamment prié de voir partout :

LEBRUN DE VAUPIQUÉ.

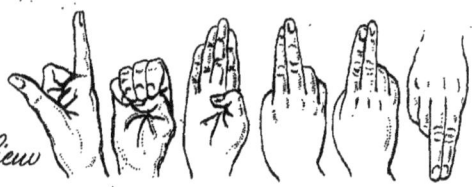

A Monfieur

de

Diquasse*

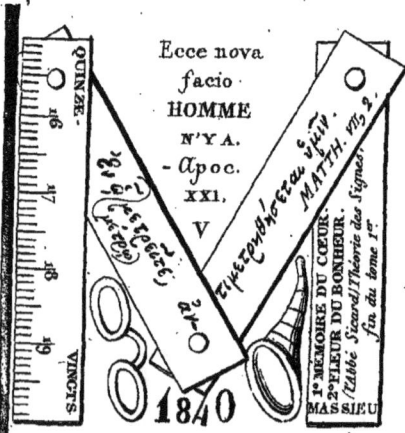

Ecce nova
facio
HOMME
N'Y A.
- *a p o c.*
XXI.

V

1840

ONSIEUR, — Quand je me donnais
tant de peine, plutôt pour être cru
quelque jour que pour devenir un
correcteur passable (1); quand je
m'enfonçais en sauvage dans l'étude
de la typographie et des langues,
je restais nécessairement étranger à
une infinité de connaissances qui
sont, sans contredit, d'un bien plus
grand usage dans la vie civile. Par
exemple, je négligeais, ou plutôt je

ne soupçonnais même pas..... je m'aperçois, hélas ! que le mot n'est pas
dans l'Académie, qui connaît , qui possède si bien la chose. Le mot dont
j'ai besoin manque à la langue, il n'ose pas encore s'avouer français : mais

---

★ Ce mot *dédiquasse* n'ayant point été composé en types mobiles, mais inamo-
viblement tracé sur cuivre, ne se prêtait point à ce que nous appelons , nous autres
typographes, *correction sur le plomb.* Et pourtant j'avais, je devais avoir à cœur,
moi correcteur de mon métier, d'empêcher que personne pût soupçonner un seul

il va prendre par la main son frère nouveau-né le *dirigeur* (2), monsieur, et tous deux iront bientôt avec confiance, sous vos bienveillans auspices, à l'ombre de votre puissant patronage, se mêler à la foule dont s'énorgueillit votre impérissable ramassis, le Dictionnaire des Immortels. J'ai voulu dire, je veux dire que je ne soupçonnais pas même l'existence d'un art qu'il faut nommer *courtisanerie,* en attendant l'arrêt des juges compétens : comment aurais-je songé à l'étudier ?

---

instant, ou mon ignorance de l'orthographe française, ou mon refus de m'amender après un salutaire avertissement. En conséquence, je n'ai point hésité à donner un *erratum,* et à le placer le plus en vue possible.

Au lieu de DÉDIQUASSE , lisez donc..... s'il vous plaît, car on peut fort bien dire de la *politesse* ce que disait de tout autre chose l'aimable Philaminte :

> Monsieur, avec du *grec* on ne peut gâter rien.

lisez, S. V. P.. non pas *dédicace* (qui est à mes yeux l'équivalent de DÉDIKAKE ou DÉDI,SA,SE), lisez DÉDIQUASSENT, ou même ..... QUASSANT, et mieux encore QUAS-SATAM, comme j'avais eu , le 16 octobre 1839, l'honneur de l'écrire, très correctement cette fois, au bas d'une lettre adressée à M. Lebrun; lettre dont le commencement est cité, dans mon pamphlet, p. 18(« M., en présence de l'Evangile...»), et la fin, p. 35 (« Si ce dernier appel à votre bonté, M., et j'ose ajouter : à votre justice, vous trouve insensible ; si ce procédé ne m'apporte pas quelque chose de bienveillant , d'affectueux..... ») :

> QUASSATAM *ventis liceat subducere classem.*

Quassatam était, dis-je, correctement écrit, mais peut-être point assez distinctement, puisqu'il n'était pas en lettres moulées. Or, j'ai cru reconnaître que M. Lebrun, semblable à ces *lettrés* italiens dont parle Courier, ne lit couramment que la lettre moulée. Et encore !... car si M. Lebrun avait su lire ma missive imprimée, à lui , à lui seul adressée en août 1839, et rapportée ci-après, sous le n° III, n'eût-il pas été ou sensible à ma prière, ou touché de mes menaces ?

Dans ces menaces..., menaces entortillées, pudibondes , honnêtes au possible, dans ces menaces se trouvait, il est vrai, un peu de latin ; et si l'auteur de *Némésis* a bien osé dire en face au monarque de Rome, au successeur de Léon X, que sa latinité ne s'étend pas jusqu'au latin même de la Vulgate, blasphémera-t-on en avançant que M. Lebrun, quoique de l'Institut, expliquerait difficilement une page d'Horace, et notamment qu'il n'a pas compris ceci, tant bien fût-il imprimé en lettres moulées, et, qui plus est, soigneusement *tiré,* sans *moine* ni *feinte :*

> *Nec quisquam NOCEAT cupido mihi pacis : at ille*
> *qui me commörit,* etc.

Faisons d'une pierre deux coups, signalons un second errátum. Celui-ci nous a échappé dans l'autographie d'une vignette, empruntée avec assez peu de scrupule aux ETUDES de M. Crapelet.

Nous avions prétendu orner d'un vers de Perse, traduit par nous, l'ingénieux *bouquet de pensées* du célèbre typographe, et voici ce que nous avons lu après le tirage :

> « *O curas hominum! ô quantum est in REBUS inane!*
>
> Derrière ce RÉBUS oh! que de belles chosOs. »   —OH!

(1) Voir, S. V. P., l'*Essai sur la Correction typographique,* dont extrait ci-après, p. 53, l. 1, 2 et 3.

(2) Voir ci-après, p. 9, note 1.

Agé tout à l'heure d'un demi-siècle, je serai généralement jugé trop vieux pour m'appliquer avec succès à ce grand art de parvenir : mais je me sens pleinement rassuré par le proverbe : *vaut mieux tard que jamais*, rassuré par mon extrême désir d'arriver moi-même à quelque chose, rassuré par le beau talent du maître auquel je m'adresse, et par son zèle pour le progrès en général : zèle qui, pour raisons à lui bien connues, voudra s'évertuer en faveur d'un nouvel écolier, arriéré démissionnaire s'il en fut jamais !

Pour mériter mieux le bienfait, la faveur de vos leçons dans le susdit art *courtisanesque* (encore un solliciteur dont vous voudrez bien apostiller la pétition), j'ai cru devoir, monsieur, risquer un petit acte d'adulation.... une dédicace, mais une dédicace excentrique, hétéroclite, etc.....

. Nous sortons aujourd'hui des routes ordinaires,

comme dit très pertinemment votre prudent *Ulysse*; j'ai voulu aventurer une dédicace qui fît à votre modestie, également notoire, une douce violence, en se produisant à la sourdine et sans votre agrément.

C'est donc à vous, monsieur, que j'ose dédier mon **APPRENTI** ou **APPRENTIF** (l'ancien est bon à garder, à cause de l'euphonie et en vue de la symétrie. — Voir ci-après le frontispice). Ayez pitié de sa jeunesse : à ce seul titre il serait déjà digne de tout votre intérêt, mais je ne crains pas d'affirmer en outre qu'il est rempli de bon vouloir.

Votre bonté, à vous, monsieur, votre indulgence, votre longanimité, me sont assez connues pour que je m'enhardisse à outrepasser les limites ordinaires d'une dédicace, à en négliger les formes: je vais raconter naïvement sous quel déguisement ce timide et maigre volume avait pensé d'abord tomber à vos pieds.

Voici ce que je crayonnais, il y a quelques mois, assis (jugez de la pureté de mes intentions ou de l'intrépidité de ma conscience) assis dans l'église Saint-Germain l'Auxerrois.

Il fut un temps, monsieur, où je recevais de vous, je veux dire de *votre* administration (comme vous aimez à l'appeler), de l'administration devenue vôtre en 1831, très vôtre, car vous lui avez imprimé un précieux cachet d'originalité.... il fut un temps où je recevais des étrennes à l'Imprimerie Royale.

Depuis trois ans je m'en passe.... à regret, je ne rougis point de l'avouer, Vous ne m'en devez pas, monsieur de l'Institut, je le sais trop bien : mais qui peut m'empêcher, moi, de vous en offrir une fois en passant? en 1840 par exemple, en vous exprimant le regret qu'elles se soient fait attendre quelques semaines? Quelques semaines, dis-je, et non point quelques années, car j'avais besoin de voir passer 1837, 1838 et 1839 pour apprécier toute la portée de votre sollicitude administrative, et je ne pouvais réellement qu'en 1840 vous remercier dignement de la comble mesure de vos bienfaits. Je dois d'ailleurs me féliciter d'un retard qui, en reculant jusqu'après la mémorable époque du 7 novembre 1839 l'offrande de cette espèce d'*Amusement philosophique sur l'âme des* etc., me permet d'associer mes félicitations empressées à l'expression bien sentie de ma reconnaissance pour M. de l'Enfourné, etc., etc.

Il a fallu, je le répète, que je comptasse beaucoup sur votre patience, noble pair, pour oser reproduire même une partie de cet impertinent griffonnage...... Offrir, moi le pauvre, moi l'obscur et insignifiant Niq Cirier, offrir un cadeau à l'opulent, au glorieux M. Piarre Lebrun !.... insolence inouie! pitoyable extravagance!

Mais M. Lebrun ▓▓▓▓▓▓▓▓ est bon, très bon, on le sait; grand aussi, qui l'ignore? moins grand pourtant qu'il n'est bon. Or, abuserons-nous de cette louable disposition? — Non certes! Aussi nous nous empressons, abrégeant notre insolite dédicace, de revenir aux formes les plus révérencieuses, et de nous dire, comme de coutume,

avec la plus haute considération possible,

Monsieur,

Votre très humble et dévoué
serviteur,

Niq. CIRIER.

1785-1855
LUCUBRATIONS
LAUDATORIO-
POÉTICO-TYPO-
GRAPHOÏDES.

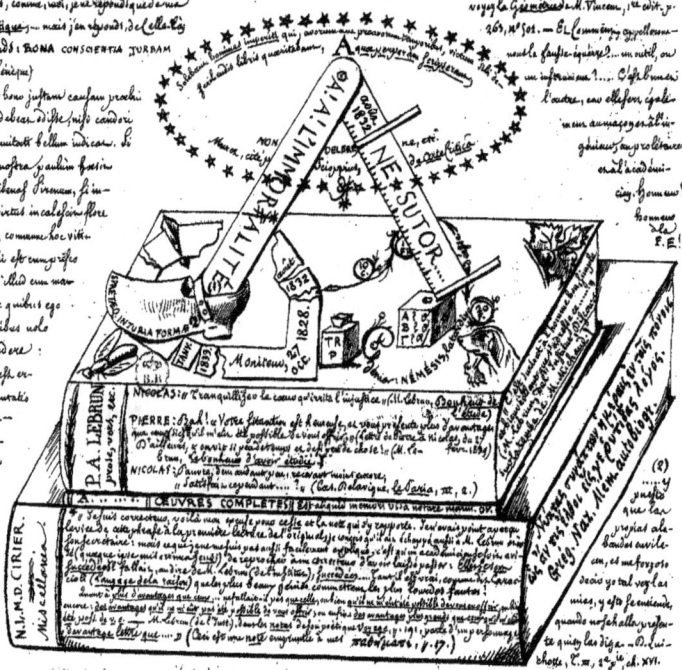

L'APPRENTIF

> L'ardeur de se montrer, et non point de médire,
> Arma la Vérité du vers de la satire.
> . . . .
> VengeR l'humble vertu de la richesse altière,
> Et l'honnête homme à pied du faquin en litière.
>
> BOILEAU.

. Insuevit pater optimus hoc me, etc.

HOR.

> ... Ce n'est point une humeur de médire
> Qui m'ait fait rechercher ceste façon d'escrire ;
> Mais mon pere m'apprit que, des enseignemens,
> Les humains APPRENTIFS formoient leurs jugemens ;
> Que l'exemple d'autruy doist rendre l'homme sage ;
> Et guettant à propos les fautes au passage,
> Me disoit : Considere, etc.
>
> REGNIER, *Sat.* VII.

arò antecedentem scelestum
deseruit pede pœna claudo. — HORACE encore, mais Horace traduit ou paraphrasé ci-après, avec une rare bonheur, par *Grandval*, dans un curieux petit poème, dont je recommande la lecture notamment aux larbins (ou lartins ? — car je ne suis pas fort sur la langue...) aux larbins de la haute volée :

> Insensé qui se fie aux grandeurs de la terre !
> leur éclat le plus beau n'est que l'éclat du verre.
> Nous voyons les pervers quelquefois triomphants :
> cet apparent bonheur ne peut durer long-temps.
> On fuit en vain du ciel les arrêts légitimes,
> tôt ou tard on reçoit la peine de ses crimes.
> Cartouche, ce grand chef naguère si content,
> Cartouche en va fournir un exemple éclatant.
> Le temps approche enfin, qu'un cruel coup de foudre...
>
> *Cartouche*, chant XIII.

ADMINISTRATEUR.

« O grandeur, que tu es belle quand la vertu te rend utile! Que le spectacle de l'homme puissant, occupé de secourir ses frères, est doux pour une ame sensible! Combien de fois j'en ai joui! »

Mais « Les grands veulent être loués.... »

FLORIAN, *Estelle.*
MASSILLON, *Petit Carême,*
Exemples des grands.

Donc « Je vais raconter toutes vos merveilles. *Narrabo universa mirabilia tua.* »

DAVID, *Ps.* IX, 2.

Trève de plaisanterie: « Si pareil traitement m'eût été infligé par un épicier, j'en aurais pris mon parti : mais vous, monsieur LEBRUN (de l'Institut)! vous, homme de lettres, et même un peu lettré, m'arranger de la sorte ! — ... *Sustinuissem utiqué... Tu verò, homo unanimis ?...* Vous, M. Lebrun (de l'Imprimerie Royale), si délicieusement attablé à ce budget, dont j'attrapais à grand'peine quelques miettes !... DUX MEUS et notus meus, qui simul mecum dulces capiebas cibos !... » — *Id., ib.,* LIV, 13-15.

(†) L'auteur a reculé long-temps devant cette épithète (*pittoresque*), si bien acquise à tant d'intéressans recueils, et n'a fini par l'adopter que pour en faire l'occasion d'un nouveau, sincère et très humble aveu de sa nullité artistique. — Voir la *note* de la p. 17.

ERRATUM (dans la vignette de la page 15) :
« ... Curieuse médaille...»
Lisez : *stupide médaille.* »

J'ai eu le courage, et pourtant j'avais lu, relu *le XVIII*e *Siècle ;* j'ai eu la patience de lire jusqu'au bout une satire de trois ou quatre cents vers, qui n'avait de satirique que son titre et le nom de Gilbert que j'y ai rencontré ; satire honnête et douce comme son auteur, VIGÉE (1778) : je ne me consolerais pas de ce triste abus de la faculté de lire, si je n'avais rencontré dans ladite pièce ces deux vers :

Sous un roi vertueux, l'on doit oser médire
quand l'ignorance insulte au savoir méconnu.

L'APPRENTIF

ADMINISTRATEUR,

PAMPHLET PITTORESQUE (¹),

LITTÉRARIO-TYPOGRAPHICO-BUREAUCRATIQUE,

POUVANT (*nam tua res agitur paries cùm proximus ardet*) POUVANT .
INTÉRESSER TOUTE PERSONNE

EMPLOYÉE,
EMPLOYABLE,
EX-EMPLOYÉE.

Par quelqu'un de cette dernière catégorie.

Un écrit clandestin n'est pas d'un honnête homme :
Quand j'attaque quelqu'un, *je le dois* (1), et me nomme...

> Nic. CIRIER , correcteur : — « Je me suis
> nommé, car c'est une satire. Je suis d'avis
> qu'on ne doit attaquer personne, mais il
> est bon de se venger... Quelque forte que
> soit la vengeance, le tort est toujours à
> l'agresseur. » — M.-J. CHÉNIER.

Qui a maxime repleti sumus despectione. Paume CXXII. 3. (1)

VERGER. —Lisez ci-après,
bas de la page 62, ces mêmes lignes
citées avec un correctif : correctif
qui, s'il n'a pas, ici aussi, découlé de
ma plume, était bien certainement et
sera constamment dans mon cœur.
Car, n'en déplaise aux apparences,
je me sens encore aujourd'hui,
après quarante ans, en mesure de
répondre affirmativement, très affirmativement, à la première question dont le Catéchisme ait saisi ma
naissante intelligence : « Etes-vous
chrétien ? — Oui, etc. »

PARIS,

CHEZ L'AUTEUR, RUE DE SÈ

A. D. MDCCCXL.

L'APPRENTIF

‘ADMINISTRATEUR,

PAMPHLET PITTORESQUE (!),

LITTÉRARIO-TYPOGRAPHICO-BUREAUCRATIQUE,

POUVANT (*nam tua res agitur paries cùm proximus ardet*) POUVANT
INTÉRESSER TOUTE PERSONN .

Par quelqu'un de cette dernière ca

Un écrit clandestin n'est pa
Quand j'attaque quelqu'un, .

Nic. CIRIER
nommé, car
qu'on ne d
est bon de s
soit la veng
l'agresseur.

Quia mutum repleti sumus despectione. Psaume CXXII, 3. (1)

PARIS,

CHEZ L'AUTEUR, RUE DE SÈVRES, N° 3.

A. D. MDCCCXL.

L'OIE (Die Gans, Less. xiv).

« Beau cygne !... »

(*Ode à un Cygne*, par M. P. A. Lebrun, de
l'Institut. — Je ne réponds pas de *beau*,
parce que je cite de mémoire.)

« Les plumes d'une oie faisaient honte à la blancheur de la neige : fière de
ce don éblouissant de la nature, elle se croit née pour être cygne, oublie, etc. »

LESSING, trad. d'ANTELMY.

« An assurance of unfading laurels, and immortal reputation, is the settled
reciprocation of civility between amicable writers. — Une assurance de lauriers inflétrissables et d'une réputation immortelle s'échange entre écrivains
amis, comme politesse convenue. »

The Rambler, trad. d'Ach. LAURENT,
correcteur à l'Imprimerie Royale.

Zugemessne rhythmen reizen freilich,
Das talent erfreut sich wohl darin;
Doch wie schnelle widern sie abscheulich,
Hohle masken ohne blut und sinn.

GOETHE, trad. du *Hafis nameh.*

UN APPRENTI

DAIMINTSARETRU (¹).

ΧΩΟΜΕΝΟΣ ΚΗΡ
(Iliade, I, 44.)

Je suppose quelqu'un qui se fût avisé de commencer en ces termes un pamphlet littéraire, administratif ou politique :

> Il a, l'ignoble goujat, il a la stupidité de se croire grand..... — Il est plus petit, plus bas que le plus infime atome de la boue de mes souliers.

Ce quelqu'un, à n'en pas douter, serait assez mal venu,

1° de MM. les hommes du Roi ;

2° et même de la partie méchante ou médisante du public, si elle avait conservé le moindre sentiment des convenances.

Telle n'a pas été ma pensée, mon début, à moi Nicolas, la mauvaise tête, dit-on ; et l'on veut bien ajouter ce que vous savez : c'est pourquoi vous comprenez parfaitement que j'étais foncièrement incapable d'un exorde aussi scandaleux, aussi coupable, aussi mensonger.

Non, je n'y ai pas même pensé ;... j'en atteste... car un soupçon si grave, si odieux, veut être combattu dans le style le plus élevé, le plus véhément... Non, je n'y ai point songé ; j'en atteste, avec le foudroyant Démosthène et le divin Hippocrate, j'en atteste θεοὺς πάντας καὶ πάσας... tous les dieux de l'un et de l'autre sexe, Apollon, Panacée, Hygie, et tout le *tremblement* olympique.

Non ; je me serais bien gardé d'asséner aux vitres un aussi brutal coup de poing ; et si l'on ne trouve pas toujours dans l'indépendant salmigondis de mes observations cette heureuse froideur, ce calme plat, ce poli parfait, ce ton de mansuétude élégante qu'on admire à bon droit dans les hommes de cour et d'académie, la faute en est à mon malheureux sort, qui m'a laissé jusqu'à ce jour complètement étranger à la cour, et surtout à l'académie.

Non, je n'ai pas jusqu'à ce point manqué de procédés, et je prends à témoin mon manuscrit, la 1ʳᵉ et la 2ᵉ d'auteur, je prends à témoin toute l'imprimerie Boulé, et même l'étrangeté typographique de la présente page, que j'ai voulu débuter, que je débute ainsi :

Le bonhomme Chrysès pouvait en toute confiance adresser une requête

en dieu de Délos et de Sminthe, il devait invoquer hardiment le fils de Latone, de la blonde Latone, comme disent Bitaubé et M. Bignan à côté d'Homère.

(1) Ses titres, comme disaient nos dames.

jour complètement étranger à la cour,
Non, je n'ai pas jusqu'à ce point manqué de procédés, et je prends à témoin mon manuscrit, la 1re et la 2e d'auteur, je prends à témoin toute l'impri-
meric Boulé, et même l'étrangeté typographique de la présente page, que j'ai
voulu débuter, que je débute ainsi :

Le bonhomme Chrysès pouvait en toute confiance adresser une requête

au dieu de Délos et de Sminthe, il devait invoquer hardiment le fils de Latone,
de la blonde Latone, comme disent Bitaubé et M. Bignan à côté d'Homère.

---

(1) Ses titres, comme disaient ces dames,

« PHILAMINTE.
Ses titres ont toujours quelque chose de rare.

ARMANDE.
A cent beaux traits d'esprit leur nouveauté prépare. »

Voyez, par exemple, cette superbe anagramme, dont je garantis la parfaite
exactitude ; voyez, dans mon ADMINISTRATEUR, les *mines* ou plutôt les *menaces*
(*MINAS*), ou, mieux encore, les

MAINS DU TRAITRE. (La crainte, quelquefois, peut ramener)
(un traitre.— *Catilina*, I, 5.)

Et cette autre : UT, RÉ, MI... Mais je n'ai guère le cœur à chanter. Je gémis, et
gémis bien profondément, en reconnaissant que j'ai manqué ma vocation, que j'é-
tais né pour l'anagramme et non point pour la correction. Pourquoi donc n'ai-je pas
rencontré sur mon chemin, moi aussi, un Rivarol ou quelque autre, pour m'avertir
charitablement que *le Ciel m'appelait bien visiblement à ce beau genre*, et que
je devais au plus tôt *quitter l'aride étude des langues* ? Heureux M. HUILLIER (L')!
Mais l'histoire ne dit pas si vous avez su mettre à profit la bienveillante *exhortation*
du patriotique *Almanach*.
Trois carrières s'étaient ouvertes devant moi : la compilation, la correction, l'a-
nagramme : mon mauvais génie m'a poussé dans la pire de toutes.
Trois, ou bien quatre ou cinq carrières? Car ne pouvais-je aussi me faire copiste, expéditionnaire? *Scribam*, dit le jurisconsulte Uld. ZASIUS, *scribam com-
mendat* MEMORIA, SCIENTIA, CONSUETUDO, CELERITAS. *Testis Cic. in orat. pro
P. Syllâ. Adde et* FIDEM.
Erat, continue le docte Zasius, *erat apud Græcos honorificum scribæ munus :
nemo enim (ut est testis Æm. Probus) ad id officium admittebatur nisi honesto
loco, et fide et industriâ cognitâ... Scribarum ordinem immoderatiùs exceden-
tem Cato uticensis quæstor coercuit.*
Je suis tout-à-fait de l'avis du savant professeur, qui affirme qu'un expéditionnaire
peut en conscience, et sans se rendre coupable de simonie, *etiam in causis spon-
salibus*, toucher des appointemens, et j'ajoute, pour mon propre compte, qu'avec
une écriture lisible, un peu de barême, et des habitudes pas trop irrégulières, (*)
sans doute on ne va pas tout de go se camper quarantième dans le fauteuil où trôna
Campenon; non, mais qu'on arrive à émarger très confortablement, et même qu'on
finit par attraper quelques centimètres carrés de ce tissu purpurin qui voit se grossir indéfiniment la foule des heureux qu'il sait faire.
Mais, ô vanité des vanités! Cette suave atmosphère de bonheur, cette éblouis-

(*) « De la patience, de la probité, et une belle main..., ces heureuses qualités se rencontrent aisément dans les bureaux. Les esprits lourds et épais y sont généralement assez
communs, etc. » — *Manuel de l'Employé*, p. 188.
Quand je devrais,
vitamque in vulnere ponit.....
quand je devrais y laisser le restant des modestes économies que m'a permis dé faire, en
huit années de séjour à l'I. R., son intelligent administrateur, je dirai tout, absolument tout
ce que j'ai sur le cœur. « Homme libre et sans place, je distribuerai avec impartialité [autant
que possible] la louange et le blâme. » — PARENT-DUCHATELET, περὶ Πορνείας.
Allons donc ! précieux ouvriers et savans (A. excepté) savans correcteurs de l'I. R., ba-
fouez-moi, bousculez-moi tous ces impudens *tailleurs de plumes* (voir ci-après, p. 7) assez
confians dans leur maigre mérite pour solliciter obstinément de grosses augmentations à
leurs gros appointemens.
Sabouiez-moi aussi, par la même occasion, MM. les gros-bonnets de l'administration des
postes, qui prétendent également qu'il faut ajouter à leur large bien-être.... Et ces pauvres
diables de facteurs, à qui la république des lettres a de tout autres obligations... pense-t-on à
leur rendre la vie moins dure ?

Ce digne pontife, en effet, n'avait-il pas mainte et mainte fois magnifiquement décoré le temple du grand Apollon? N'avait-il pas plus souvent encore

---

sante auréole de gloire (car bonheur et gloire ne vont guère l'un sans l'autre), tout cela n'a qu'un temps, ou plutôt qu'un instant.

Voyez, à la surface de l'eau, ces orbes concentriques qui s'effacent à mesure qu'ils se multiplient et s'élargissent: ils ont presque aussitôt disparu que la pierrette et le caprice de l'enfant qui les a produits. Voilà, si l'on n'y prend garde, voilà notre bienheureuse décoration: *récompense*, a-t-on dit à la tribune, *récompense assurée, immanquable, de certaines assiduités administratives.*

Assiduité?... Oh! qu'on irait loin, oh! qu'on aurait à faire si l'on devait un prix à ce seul mérite!... Mérite, oui, c'en est un, et j'ai d'assez bonnes raisons pour y croire et m'en expliquer: voyez, de grace, voyez:

> *Assiduité...* de l'épicier à son comptoir;
> *assiduité...* du savetier dans son échoppe;
> *assiduité...* du décrotteur à sa sellette; assiduité de tous les diables!

Vous voyez combien, si l'on voulait être juste, il se débiterait de cet éblouissant et béatifique chiffon, qui, d'ailleurs, se transmet de père en fils, à peu près comme la crète d'un vieux coq lauréat passe naturellement et sans effort au tendre et présomptueux héritier, sinon déjà de ses redoutables ergots, au moins de son nom et de ses instincts. — Cette ridicule comparaison vient de m'être suggérée par le petit fait d'un tout petit bibliothécaire chargé d'un grand nom... lequel tout petit garde-livres cherchait tout à l'heure dans son gros catalogue, et chercherait encore si je ne l'eusse, avec toute l'urbanité possible, remis sur son chemin, *Chrysostôme* par CR. — J'appuie, soit dit en passant, j'appuie volontiers sur cette misère, parce qu'elle tient à quelque chose de grave, que je n'ai jamais su aimer, que tout le monde hait ou doit haïr, excepté le tout petit Chartophylax, excepté A., excepté B., excepté dix fois, vingt fois, cent fois, tout notre alphabet. — Et quoi donc, ce quelque chose si haïssable? — L'*abî-jus...* Je voulais dire *passe-droit*, mais le mot est si dur! si usé! *Abî, jus,* est plus coulant, et c'est comme qui dirait: « Va-t'en, va-t'en bien loin, bon droit, vieux bon droit! Va-t'en bien vite, et ne reparais plus! »

Revenons à nos honorifiques moutons, à nos croix dites d'honneur. — Il paraît que la grande et belle famille des MON-ROUGE commence à se reconnaître. Voyez comme chacun semble prendre à tâche de dissimuler son rouge; voyez comme l'honorable ruban se cache! se cache! Remarquez-le s'enfoncer plus profondément tous les jours sous la boutonnière. Si vous avez du loisir, observez attentivement son décroissement graduel, depuis l'ampleur légale, originelle, jusqu'au zéro des Arago, etc., qui, eux, savent s'en passer; observez, dis-je, et apprenez-moi, si vous pouvez, ce qu'est devenu l'honneur de la croix, ce qu'on a fait de la croix d'honneur?

On l'a prodiguée, n'est-ce pas? — Oui: on l'a fourrée à qui n'en voulait pas, mais par compensation, car tout se compense en ce monde, où toutefois beaucoup de choses semblent arrangées pour la plus grande gloire et le plus large bien-être d'innombrables nullités; tout se compense, on le sait, et, avant M. Azaïs, le *ci-devant jeune homme* avait fait observer que l'un paye un déjeuner, l'autre un dîner, un troisième rien du tout; par compensation, dis-je, on refuse à un brave et digne homme, qui la voudrait bien caresser aussi, la séduisante *prostituée* que s'est permis de fustiger la brutale *Némésis* (VI).

Voyez ce vétéran... ce vétéran de la typographie... ce vétéran de la typographie orientale... Lui aussi il avait salué les Pyramides à la suite du grand capitaine. Il n'avait quitté la docte école de la propagande catholique que pour s'enrôler dans une propagande française, pour aller, sous un autre ciel, au moyen de la langue du Coran, fondue au creuset typographique, propager l'honneur de nos armes, favoriser la marche de nos guerriers, seconder la noble curiosité des savants explorateurs d'une terre non-promise.

Il avait promené, dressé, fouillé, sur le sol des Pharaons, en face des crocodiles ébahis, sa casse aux mille cassetins, la monstrueuse casse arabe; et un disciple de Mahomet lui en avait enseigné la langue.

Le père M., il faut tout dire, ne parlait guère mieux le français que tel et tel de ses nombreux *supérieurs* (de l'I. R.), favoris supérieurement ornés, dignement *décorés* : en revanche, il possédait, imperturbablement rangés dans sa vieille caboche, *capiundœ sufficeret.* — Un Jésuite, cité par J. MENTELIUS, dans sa Παραίνεσις.

(*) IL FALLAIT; *bisogna*, IL FAUT... Ces patriotiques réminiscences échappaient quelquefois à l'estimable Italien dont nous plaidons la cause. Il est bon d'avertir de ce petit fait ceux de nos lecteurs qui sont étrangers à l'Imprimerie royale, et à la langue italienne.

(**) Ces honorifiques joujoux, on en tenait boutique depuis long-temps déjà. Le *Cabinet de Lecture* (14 mars 1831) cite l'enseigne de *A. Moutri, marchand de rubans d'ordres et de jouets d'enfans.*
« En instituant la Légion-d'Honneur, Napoléon voulut payer le dévoûment des braves consacrés par le feu des batailles. Ce reflet de la gloire la plus éclatante, il l'étendit ensuite aux hommes instruits qui se distinguaient par leur mérite dans les arts et les sciences.
» Il n'est personne qui ne sente profondément toute la différence qui existe entre la vie pénible du militaire privé d'une jambe, d'un bras, quelquefois de la vue, réduit à languir loin des siens ; et celle d'un jeune homme qui a parcouru, au sein des jouissances, une carrière douce, brillante, qui se termine avec tous les avantages de la fortune. La raison, la justice, nous di ent qu'il est insultant pour nos guerriers de *voir* la plus belle récompense de leurs travaux jetée comme une pâture à toutes les vanités. »
M. F. DE CORVOL, *Sentinelle de l'Armée.*

(***) Ah! si vous vouliez me faire un plaisir?... si vous vouliez bien voir, revoir le précieux, l'impayable EMPLOYÉ, une certaine petite vignette des Français-Curmer : vous croiser les bras devant la page 304, l. 1, en face du délicieux ajusteur, et le méditer, le savourer avec moi : assurément nous admirerions de concert ce visage où rayonne une douce sérénité, sinon la flamme du génie. Ah! certes, s'il est vrai, généralement parlant, qu'*il n'y a pas.... d'imagination plus mécontente et plus tourmentée que celle de l'employé*, vous voudrez bien reconnaître ici une consolante exception. — Ne contemplez-vous pas, vous aussi, avec ravissement cette imperturbable physionomie sur laquelle on lit que la délicate opération de la taille est suivie, poussée avec une intelligente et consciencieuse industrie qui ne laisse rien à désirer?..... Ah! oui, faites-moi le plaisir de chercher à voir ce digne EMPLOYÉ dans la vignette en question.
Belle main, calcul irréprochable, probité exemplaire....., voilà! voilà l'homme que la croix attend, qui attend la croix..... Mais non! ni l'un ni l'autre n'attend plus, depuis environ 4 ans.
En fait de *tailleurs de plumes*, je pourrais (qui m'en empêcherait?) nommer en toutes lettres M. D...... (à l'I. R.), mais la reconnaissance m'interdit expressément cette petite méchanceté. Je n'oublierai jamais que, il y a environ dix ans, M. D. aîné acquiesça généreusement, dignement, à ma petite requête philanthropique, à lui présentée par moi, en faveur d'une honorable famille, qui a eu le bonheur de se relever, mais qui, j'en suis bien sûr, n'est pas demeurée moins reconnaissante que moi-même i.e.
Un autre nom de tailleur, *ibidem*, se présente à ma pensée : mais comme, à mes yeux, rien ne rachète, rien ne compense le dégoût profond que m'a toujours inspiré ce disyllabe, ma charité se fera l'effort de ne désigner pas même par une initiale le *pingre* (ainsi l'appelait le brave Cruzy), le pingre qui ne répondit, lui, que par la rusticité à ma démarche courageuse autant que désintéressée, à la susdite requête philan.hropique... Je conçois que la doctrine de Saint-Simon n'ai point souri au pingre.
Dans ma situation actuelle (15 mai... voyez ci-après appendice de la p. 59), le régule se présente plus naturellement à mon imagination que l'or et l'argent : c'est donc au régule que j'emprunterai ma figure de rhétorique : — Les cadrats sont sinon inutiles, au moins insignifians ; ils ne savent, ils ne disent rien ; mais ils pèsent beaucoup dans la *casse* : les tailleurs de plumes, insignifians *item*, mais c'est pour eux, sinon par eux, que la *caisse* est lourde.

Aimez-vous la mélodie? — On en a mis partout;

offert en sacrifice au dieu du jour la grasse culotte ($\pi\iota o\nu\alpha\ \mu\eta\rho\iota\alpha$) d'une chèvre
ou d'un taureau ? Aussi, l'infortuné vieillard, qui tout à l'heure avait tremblé

---

non pas seulement les quatre grands axiômes de l'immortel Barême, mais la croix-
de-Jésus de tous les peuples du monde, mais les types de cent alphabets. Sa main,
érudits de toutes les tailles et de toutes les couleurs, sa main ordonnatrice tenait à
votre disposition les signes graphiques de l'un et de l'autre hémisphère : au moindre
signal, on voyait accourir et se mêler à vos innocens ébats, la bigearre mascarade
du Nil et de la Néva, du Gange et de l'Indus, du Caucase et du Thibet. Il eût,
au besoin, fait sautiller les quipos américains et les clous de Persépolis ; mais combien de fois ne vous a-t-il pas procuré le savoureux divertissement des hiérogly-
phes ? combien de fois n'a-t-il pas fait danser pour vous les cent mille pantins ky-
riologiques du céleste empire (*) ?

Bisognava (**) donc ! oui, *bisognava*, quand on aurait dû en dépouiller l'élégant
meneur de la royale mécanique, qui ne l'avait pas, jarni ! si bien gagnée, *bisognava*
faire à la croix l'honneur d'en marquer cet infatigable et précieux serviteur, ce
prote hors de ligne ! — Et vous (ce n'est plus aux érudits que je m'adresse, ce n'est
pas même aux savans, vous avez eu... l'esprit de le compter pour un demi-prote !
$\tilde{\omega}$ ο$\tilde{i}$α κεφαλή, M. Lebrun ! et qu'elle est richement pourvue d'encéphale !

Ce joujou, qui coûte si peu au budget (***), il fallait au moins en gratifier M. Maccagni, pour lui faire oublier l'infâme exiguïté des appointemens alloués à son industrie lettrée. Oui dà ! infâme exiguïté, qu'on eût dû faire disparaître en ôtant
quelques mille francs à de gros bonnets sans lettres, à de *hauts* employés tailleurs de plumes (****).

Mais M. Maccagni n'avait pas, que je sache, demandé la croix ? — Soit, mais on
l'avait sollicitée pour lui : et il a paru à cette occasion qu'on peut être prodigieusement érudit sans être un prodige de philanthropie. — Ah ! si tout le monde avait la
bonté d'âme de mon confrère Laurent, son jugement, et cet instinct de justice et
d'humanité qui siérait si bien surtout à un gros maître-imprimeur !... Mais non, on
serait trop heureux ici-bas, et la perspective d'un avenir meilleur ne serait plus
qu'une chimère.

Autre compensation ! — La croix a été refusée à de bons et loyaux services polyglottes de quarante ans, mais M. Maccagni a reçu autre chose : sa retraite, sa
brillante *retraite*... Et il n'a pas paru content... ô l'insatiable ! ô le mal-appris ! —
Et il n'a pas dit grand merci ! — Au contraire, il jaserait encore si on l'eût laissé
faire, et parlerait des services qu'il peut continuer de rendre à l'I. R... Ah ! l'original !

> *O fortunatos nimium, sua si bona nôrint*
> *agricolæ !*

Pauvres paysans ! gardez-vous bien d'apprendre à lire vous-mêmes, gardez-vous
surtout d'envoyer à l'école (encore bien moins au collège) les nobles héritiers de
vos puissantes charrues. Que sait-on ? ils voudraient voir Paris la grand'ville ; ils
y entreraient sous de sinistres auspices ; le cauchemar d'une maligne influence les
étoufferait dans l'Imprimerie Royale, s'ils cédaient à la tentation d'y pénétrer. Et
un jour, un jour, hélas ! vous les verriez rentrer au bercail, avilis, désespérés ;
comme l'économe infidèle (LUC, XVI, 3), impropres désormais à *fouiller* le sein
de la mère commune, peut-être encore assez fiers pour n'oser *mendier* ; et capables seulement de grommeler, dans leur patois, qu'ils n'auraient point oublié :

> Trop heureux villageois, s'ils savaient leur bonheur !

ou tout au plus dans le jargon du pâtre de Mantoue, qu'ils ne posséderont jamais :
O fortunatos... et ils n'en seraient, ma foi ! pas plus heureux.

Prolétaires de la ville et de la campagne ! tenez-vous loin, bien loin, infiniment
loin de la sphère d'activité où brandille la croix d'honneur. Continuez à exercer no-
blement ces basses mais infiniment utiles professions dont ne dit mot le superbe
almanach royal ; n'aspirez pas même à y obtenir une toute petite place comme *maî-
tre-correcteur* en la monarchique usine. Faites-moi toujours de ces beaux et bons
ouvrages sans gloire et sans nom, au bas desquels on ne trouve pas plus qu'on ne

---

(*) Casse immense, dont le développement complet voudrait plus de terrain que n'en occupe l'Imprimerie Royale tout entière : *Oporteret ut, præter altitudinem, quæque Sina-
rum capsa milliarium duorum spatium æquaret, quò characterum suorum multitudini*

devant Agamemnon, pasteur des peuples, et s'était retiré l'oreille basse, se sent bien fort en présence de la divinité qu'il a si honorablement servie. Et

---

le cherche : ΕΠΟΙΗΣΕ, *fecit*, etc,,'etc. ; de ces ouvrages dont nous mangeons et buvons tous, dont nous nous habillons, dont nous nous abritons; sur lesquels nous nous asseyons, nous nous reposons; avec lesquels nous nous divertissons; par lesquels nous écrivons, nous autres malins ; par lesquels nous imprimons, nous les entendus ; par lesquels nous allons à la postérité du lendemain, et même du surlendemain, nous autres notabilités, nous les élus, nous les honorables, pas toujours honorés.

Prolétaires! fortunés prolétaires! ayez-moi constamment assez de ce légitime et judicieux amour-propre qui vous suggère de ne point vous présenter aux distributions gratuites... de la croix : funestes libéralités, d'où les amateurs se retirent souvent les mains vides, encore plus souvent salis, déchirés, blessés, bafoués. Continuez pourtant, honnêtes prolétaires, à mériter quelquefois une certaine distinction, une distinction certaine; et quand pour prix d'une action d'éclat, *ob civem servatum*, par exemple, on prétendra vous infliger la croix d'honneur, dites bien vite : « Non! non!... une feuille de chêne, S. V. P ! »

Il est visible que cette honorifique distinction, qui, dit-on encore, ne distingue plus personne, a vieilli bien avant le temps, épuisée par son incroyable facilité à se livrer à ses innombrables amants : mon avis à moi serait donc qu'on la régénérât. Je recommande cette idée aux méditations des fortes têtes.

En attendant un projet de loi, qui ne saurait être élaboré trop tôt ni avec trop de soin, voici mon devis :

En tête de la nouvelle croix (octogone) figurerait l'*utile dulci* d'Horace, ou, si mieux vous aimez, l'*utile dulci* du chocolatier Debauve, de la rue des Saints-Pères, mon confrère en la Société asiatique de Paris... car, moi aussi, j'ai voulu avoir l'honneur d'être, sinon quelque chose, au moins de quelque chose.

Derrière l'*écusson* (car il y aurait un écusson, et il serait *d'or, à trois pains de sucre, d'argent, habillés d'azur*), derrière l'écusson *quatre chandelles*, et tout à l'entour ces deux alexandrins,

Beati! beati! beati! beati!
beati! beati! beati! beati!

empruntés à saint Mathieu , chap. V, vers. 3 — 10 (Μακάριοι οἱ ἐλεήμονες, ὅτι αὐτοὶ ἐλεηθήσονται, etc.).

Au bas, une seconde devise, laissée au choix de chaque titulaire. Je signalerai aux amateurs, comme pouvant leur offrir d'assez heureux vers pour cet usage, la NÉMÉSIS, chapitre des *Croix d'honneur*, mihi p. 49, VI :

Par exemple :

On rencontre partout de ces prostituées...
Le réservoir d'honneur a débordé sa digue...
Que de grands citoyens , inconnus jusqu'ici,
que de noms glorieux dans sa feuille nouvelle
l'idiot *Moniteur* chaque jour nous révèle !...
Bureaucrates goutteux, secrétaires novices...
(*Assis dans un fauteuil usé par la paresse*)
Tout ce peuple qu'on voit...
.... alignant des zéros.

Je proposerais aussi ce passage de GULLIVER, s'il n'était un peu long :

« Whoever performs his part with most agility, and holds out the longest in LEAPING and CREEPING, is rewarded with the blue coloured silk ; the red is given to the next , and the green to the third, which they all wear girt twice round about the middle ; and you see few great persons about this court who are not adorned with one of these girdles. » (*A Voyage to Lilliput*, mihi p. 34.)

Quant à moi, s'il m'est donné un jour de conquérir (remarquez le mot, il est approprié à la valeur, à la situation présumée de la future décoration), s'il m'est donné de conquérir *l'honneur octogone* (ainsi s'appellerait la nouvelle croix), voici quelle serait ma seconde devise, ma devise *ad libitum* :

« Il n'y a guère plus de vanité à tirer de savoir lire et écrire, que de savoir se chausser et se déchausser. » — Mad. d'ÉPINAY, *Conversations d'Emilie*.

voyez-vous comme sa prière est courte et impérative (courte surtout dans Homère : Τίσειαν Δαναοὶ ἐμὰ δάκρυα σοῖς βελέεσσιν!) :

....

Apollon, que tes traits, messagers de douleurs,
fassent payer aux Grecs mon injure et mes pleurs !

Le prêtre d'Apollon n'avait point compté sans son hôte...

Il dit : le dieu, fidèle au vœu de sa vengeance,
de la céleste voûte impatient s'élance.
Dans ses puissantes mains brille un arc ennemi,
et du carquois tremblant les flèches ont frémi.
Entouré d'un nuage, il s'avance invisible,
s'assied loin des vaisseaux, et tend l'arc invincible.
Aussitôt un trait part.

Quant à moi... moi à qui il a été enlevé aussi quelque chose, mais qui n'ai jamais su rien offrir au dieu Public, pas même un grain d'encens, encore moins la maigre culotte d'une tragédie telle quelle, de quel front oserai-je invoquer cette divinité jalouse, et quel accueil ses redoutables ministres pourront-ils faire à ma tardive et insignifiante requête ?

Mon ami Achille m'a autrefois vanté cet autel de la publicité comme une des béatitudes de notre siècle : mais n'est-il pas accessible à mon antagoniste lui-même ?... et qui sait contre qui, de lui ou de moi, Phébus aux crins dorés va décocher ses flèches ? M. Pierre-Antoine Lebrun, membre de l'Institut, conseiller d'état, et par dessus tout (qui le sait mieux que moi ?) dirigeur (1) de l'Imprimerie Royale, M. Lebrun, personnage évidemment très considérable (2), peut-il cesser jamais d'être considéré beaucoup ?... Ah ! pauvre Nicolas... pour te rassurer, tu n'as pas trop, ici-bas de ton dévoué Jules, et de tes quatre avocats de là haut, pauvre Nicolas-Louis-Marie-Dominique Cirier, qui n'es rien... rien du tout, pas même.... pas même correcteur en chef à l'Imprimerie Royale ! pas même correcteur de première classe ! et qui, par conséquent n'as rien, absolument rien à jeter dans la balance de ton insolent débat, à côté de cet énorme poids de gloire littéraire, de puissance administrative, etc... Tout au plus, il te serait donné d'accrocher à ton bassin ces mots de M. Viennet au citoyen Lamennais :

Fort de ma liberté, de ma vertu peut-être,
je brave sous nos lois......

---

(1) *Correcteur* est assez connu : *Corrigeur* l'est beaucoup moins, mais je l'ai lu dans un vieux dictionnaire, et d'ailleurs il est usité dans les ateliers typographiques pour désigner un OUVRIER QUI CORRIGE *sur le plomb*. Quant à *dirigeur*, je me permets de supposer qu'on ne s'en était point avisé avant moi, ci-devant corrigeur chez MM. Smith, Tilliard, etc., et puis correcteur à l'hôtel Soubise. J'ose recommander ce timide étranger à l'attention, aux bontés de M. Lebrun et de ses trente-neuf confrères, pour la prochaine édition du Dictionnaire. La définition du nouveau venu sera devenue facile par le rapprochement des quatre mots :

CORRECTEUR, | DIRECTEUR,
CORRIGEUR. | DIRIGEUR.

(2) Oh ! oui, et surtout depuis le 7 novembre 1839... mais j' m'en fiche !

En vain la fortune s'apprête
à t'orner d'un lustre nouveau :
plus ton destin deviendra beau,
et plus tu nous paraîtras, etc.

Ces six vers ne sont ni de moi ni pour lui : ils ont été produits avant 1778 par un tout autre homme que lui et moi.

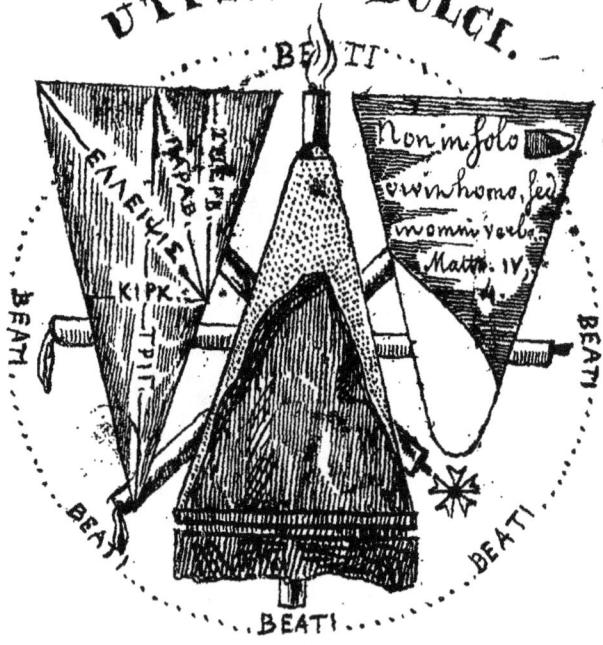

UTILE DULCI.

BEATI

ΕΛΛΕΙΨΙΣ
ΤΡΙΑΣ
ΟΛΕΙΣ

ΚΙ PK.
ΤΡΙΑΣ

Non in solo
vivit homo, sed
in omni verbo.
Matth. IV.

BEATI · BEATI · BEATI · BEATI · BEATI

Au petit bonheur !... Tirons l'oie... tirons l'oiseau ! Ce sera l'amusement de sept ou huit badauds, pour moi un exercice salutaire; et quelqu'un...... l'imprimeur et son monde, quelqu'un applaudira à mon idée.

Oui, tirons l'oiseau ! — Mais il est haut guindé ? — Ça m'est égal ! J'ai neuf ou dix matras ou dards pas trop mal acérés,

ἐννῆμαρ μὲν ἀνὰ στρατὸν ᾤχετο κῆλα θεοῖο (1),

une assez bonne arbalète, un peu d'habitude......

— Et les dieux que tu ne comptes pas ?

C'est l'*Ulysse* de M. Lebrun qui daigne me souffler ces mots : je les accepte avec reconnaissance, et j'ajoute, après ledit Ulysse (que je ne me lasse point d'entendre) :

.... les dieux feront le reste,

et peut-être que mes coups ne seront pas tous malheureux jusqu'au dernier. En tout cas, lecteur ami,

employé,
employable,
ex-employé,

voici ma *première livraison.*

Πρῶτον εἰρεσίη, μετέπειτα δὲ κάλλιμος οὖρος

(1) Voir *ad calcem*, à la fin du présent recueil (IV...... *Depromunt tela pharetris.* — VIRG.), les pointes de ces neuf ou dix matras, façonnées en manière d'épigraphe pour chacune des livraisons ultérieures.

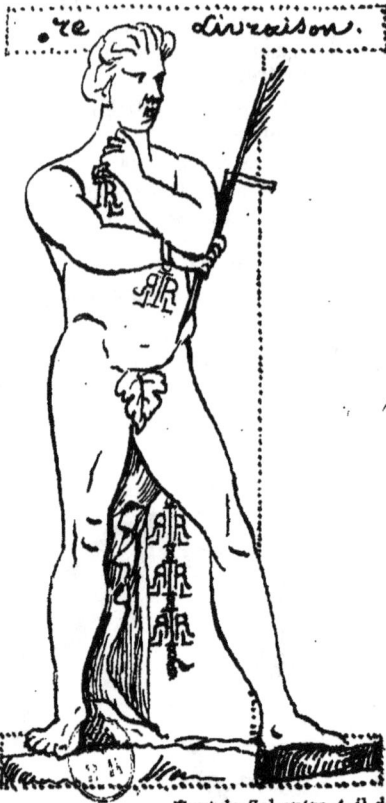

.re livraison.

Il connait les Romains, il
sait... Mais le voici.
Du plus sombre chagrin son
front est obscurci.

(SAURIN, *Spartacus*,
Acte I, sc. 1.)

Il a brisé ses fers sans
l'aide d'une lime.

(*Némésis*, II, 211.)

Χολόμενος κῆρ !... s'écrient les
bonnes âmes, en m'arrêtant dès
le seuil de ma brochure, voilà
qui n'est guère chrétien. « Le
cœur enflammé de colère...... »
est-il possible?

« Eh quoi? » ajoute mon ami
Achille, « vous êtes rancuneux
à ce point? *Tantæne...?*

Tant de fiel entre-t-il dans l'âme des dévots?

— Dévot, moi? Eh! qui vous a si bien informé? (*) »
Achille insiste : « Mon Dieu! je vous connais, vous êtes bon naturellement. »
Nicolas Argan riposte (avec emportement, dit Molière) : « Je ne suis point
bon, et je suis méchant quand je veux. » Puis il se radoucit, et fait observer
qu'au surplus M. Lebrun aura à son ex-administré l'obligation d'un *brevet
d'apprentissage* (vieux style), d'apprentisssage en fait d'administration; que
lui Nicolas s'est trouvé l'*âme vile* entre les mains du savant expérimentateur (1).....

_____

(*) L'Évangile au chrétien ne dit en aucun lieu :
« Sois dévot. » Il nous dit : « Sois doux, simple, équitable. » — BOILEAU.
« L'homme le plus parfait, est celui qui est le plus utile à ses frères. »—*Le Coran.*

(1) *Faciamus experimentum in animâ vili.* Ces sinistres paroles de deux méde-
cins dans l'embarras sonnèrent aux oreilles du docte Muret, qui gisait très malade
dans une auberge. Il recueillit ses forces pour apostropher ainsi l'un des docteurs :
« *Vilem appellas animam...* Tu oses appeler vile une âme rachetée par le sang de

Mais Achille prétend que je me moque, il revient à la charge en m'interrompant. Je perds patience, j'envoie promener Achille et toutes les bonnes âmes; puis, m'adressant à des lecteurs de ma trempe, je leur offre ces lignes, de je ne sais qui, copiées je ne sais où..... le courage m'a manqué pour en retrancher un certain mot :

> Comparaître à la barre d'une assemblée n'est pas chose pénible. On peut s'en féliciter quand on a la conscience de sa cause et de son talent. Mais à la barre d'un homme, d'un seul homme, assisté de considérations personnelles, que dire? que faire? Quelle fâcheuse position pour quelqu'un qui a du cœur, et comment ne pas prendre une attitude hostile?

Hostile?.... Ce regrettable mot avait figuré deux fois dans les très courts et infiniment peu familiers entretiens dont m'a honoré M. Lebrun, alors que nous étions tous deux *du bâtiment*, comme disent les Limousins, du bâtiment de la vieille rue du Temple, 89. Je l'entendis un jour me reprocher *une sorte d'hostilités;* et lui, dans une autre occasion, se disculpait comme si je l'eusse accusé de m'être *positivement hostile.* Ah! si l'un et l'autre, au lieu de l'Évangile, trop parfait sans doute pour nos âmes grossières, nous eussions lu, médité l'excellent Marc-Aurèle!.... :

« Ἕωθεν προλέγειν ἑαυτῷ· Συντεύξομαι περιέργῳ, ἀχαρίστῳ, ὑβριστῇ.......... B', δ.
— Commencer le matin par se dire : Aujourd'hui j'aurai affaire à des gens inquiets, ingrats, insolens...... ... Moi qui ai appris que le vrai bien consiste dans ce qui est honnête, et le vrai mal dans ce qui est honteux; moi qui sais quelle est la nature de l'être qui m'offense, et qu'il est mon parent, non par la chair et le sang, mais par notre commune participation à un même esprit émané de Dieu, je ne peux me tenir pour offensé par lui. En effet, il ne saurait dépouiller mon âme de son honnêteté; et il est impossible que je me fâche contre un frère et que je le haïsse : car nous avons été faits tous deux

J.-C.? » Il ne m'a pas été donné à moi d'échapper à l'expérimentation... si l'Académie me refuse aussi *expérimentation*, je dirai : il ne m'a pas été donné à moi d'échapper à l'*expérience* de M. Lebrun. Mais de quoi est-ce que je me plains? *Expérience* cruelle sans doute, à ne considérer que le bien-être d'un individu; mais *expérience* humaine, salutaire et précieuse si, comme c'est la règle, on doit consulter avant tout l'avantage de la communauté, le bien public. Non seulement M. Lebrun (de l'Institut), mais tout administrateur venant après lui, à l'Imprimerie Royale, et même ailleurs, aura appris, par l'expérience faite sur une pauvre bête, qu'un passe-droit, et surtout un passe-droit comme dans l'espèce, et encore un passe-droit promptement suivi d'une balourdise atroce, qu'un passe-droit, enfin, après lequel viendraient mille et une vexations, est une chose assez grave et digne de quelque attention. C'est un point dont M. Lebrun (de l'Institut) paraît être aujourd'hui tout à fait convaincu: témoin ces lignes que j'avais l'honneur de lui adresser le 3 mars dernier, en lui rappelant son dire empreint d'une louable naïveté : « .... Et moi, moi victime d'une grave et positive erreur......... Honorez-vous vous-même, monsieur, en la reconnaissant, ou bien je vous oppose vos actions, vos paroles, vos écrits. Lorsque, peu après ma démission, je sollicitai votre appui pour mon entrée à la Bibliothèque Royale, vous alléguâtes la difficulté de cette admission, et vous vous étayâtes d'une comparaison dont la justice ou la justesse me frappa douloureusement: « Vous sentez, disiez-vous, » que, si l'on se présente ici, du dehors, pour obtenir une place au préjudice des » serviteurs du dedans, *on se cassera plutôt la tête....* » Ce fut votre expression, » bien présente à ma mémoire, etc. » On voit donc, à n'en pouvoir douter, que si, en 1837, M. Lebrun (de l'Institut) commença à se montrer assez bon administrateur, administrateur paternel pour tout dire, il en avait, on en avait l'obligation à la benoîte expérience, *experimentum in animâ vili;* il est trop clair qu'on le devait un peu à moi, pauvre chien, qui, garrotté, cloué sur la table de sa naissante administration, sentis pendant de longues heures dans mes entrailles l'inexorable scalpel de sa direction novice.

CLÉ DU PAMPHLET littérario-typographico-bureaucratique intitulé l'*OEil typographique*, imprimé et publié en juillet 1839 par F. Didot (Jabob 56, et chez l'auteur, Sèvres 3. Prix : 1 fr.). — Cette Clé se distribue aux personnes qui possèdent déjà l'*OEil* (1) et à celles qui sont susceptibles de l'acquérir.

I. — P. 2.... A mon grand et indicible regret, je me vois rigoureusement obligé à refermer ce que ma Clé avait ouvert en quatre ou cinq lignes; à laisser dans l'ombre de l'anonyme la seule personne qui eût obtenu ici une mention complétement favorable, à ne point parler d'une certaine *coquille* de la p. 17 de l'*OEil*.

II. — La note de la p. 2 est pour le brigand administratif qui m'a chassé de l'Imprimerie Royale. — Brigand, puisqu'il m'a dépouillé; dépouillé sur le grand chemin de sa rampante administration, sous les yeux de trois cents personnes. — Il est désigné en toutes lettres dans la note 1 de la p. 23.

III. — P. 5, « Primò donc, un favori des dieux, etc. » C'est DUPRAT, malin CONTRÔLEUR DES IMPRESSIONS à l'I. R.; Duprat, *l'œil typographique personnifié, l'œil barbare* (p. 33), etc. ; éditeur, comme dirait M. George Crapelet, fils de Charles, éditeur d'une édition du Théâtre-Français (voyez note 2 de la p. 15). C'est presque sur Duprat tout seul que roule, que daube mon pamphlet... Beaucoup trop

---

(1) Les gens du métier disent qu'on a l'*œil typographique* lorsque, en lisant une épreuve, on saisit promptement les *coquilles*, c'est-à-dire une infinité de peccadilles qui échappent aux personnes peu ou point habituées à la correction typographique. Il est incroyable jusqu'à quel point certains manœuvres se targuent de ce chétif talent....

quœque ipse miserrima vidi,
et quorum pars magna fui.

Pauvres liseurs d'épreuves! qui devraient comprendre que toute leur habitude de la *casse* et de la *presse*, et de la *correction sur*

d'honneur pour lui, je le sais : *margaritas antè porcos.....*
Ayez la bonté de lui traduire ces trois mots, que comprennent
tous ceux qui ont fait leurs humanités ailleurs que chez
M. Butor ; dites à Duprat, de ma part, qu'on ne doit point
jeter LES PERLES DEVANT LES POURCEAUX, ni par conséquent
charger de *contrôler* du latin, du grec, etc., un homme qui
ne sait pas même le français.

La dernière ligne (ondulée), p. 34,

    ..... sat Prata biberunt.

est encore pour Duprat-l'OEil. Ce vers d'une églogue de Virgile fut jadis appliqué au fameux et rapace chancelier Duprat.

  IV. — P. 19, M. G., c'est M. George CRAPELET,
imprimeur οὐ τυχὼν (1), chez qui j'ai corrigé tant bien que
mal pendant quelques mois, au sortir de l'Imprimerie Royale.

---

le plomb, ne saurait remplacer la connaissance des langues, de
l'histoire, etc., etc., et qu'ils seront toujours exposés à prendre *un
nom de port pour un nom d'homme*, des hommes (ANDRES) pour
des ARBRES, comme l'aveugle répondant au grand médecin Jésus.
Voyez le cul-de-lampe, p. 28 de notre *œil*, et remarquez, pour
en obtenir l'intelligence complète, que la prunelle hébraïco-grec-
que exprime en abrégé la question du suprême oculiste et la réponse du malade : *Que voulez-vous que je vous fasse ?* —
Maître, que je voie ! — Voyez S. LUC, XI, 34, 35 ; MARC, VIII,
22-24 ; X, 51, et faites, dans un intérêt un peu moins mesquin
que celui des coquilles et de la typographie, faites votre profit de
ces citations évangéliques.

  (1) « Un des plus célèbres typographes de France », voilà comme
mon voisin Quérard, dans sa *France littéraire*, traduit ma louan-
geuse expression. — AB UNO DISCE OMNES.

   GEORGIO CAROLI FILIO,

     οὐ τυχόντι *typographo.....*

tel fut, en 1837, le début d'une de ces lettres miennes qui ont dû
chatouiller délicieusement le petit amour-propre de notre *célèbre*,
ou *pas ordinaire* (οὐ τυχών) imprimeur. Je me sens, aujourd'hui,
d'autant plus confus de ces pénibles flagorneries, qu'elles m'ont
valu à peine pour deux liards d'épreuves.
  Ma clé peut bien oser à présent ouvrir, révéler un curieux petit

W. — Même page 19, W., c'est moi, N. CIRIER (en allemand, WACHSBAUM, *arbre à cire*); moi, victime des âneries administratives de M. Pierre Lebrun; de M. Lebrun, vieille gloire de l'Institut, honneur encore tout chaud de la pairie, etc., etc.

---

secret, expliquer le dernier alinéa de la p. 24 de mon *OEil*. — Il y a là allusion à une lettre (latine) écrite par moi à M. Crapelet le 16 août 1837, et par conséquent datée 17 *cal. sept.*

Voici le commencement et la fin de la réponse du remarquable imprimeur à la susdite lettre du souffreteux correcteur :

« 20 août 1837. — Monsieur, j'ai lu avec un nouvel intérêt vos
» observations sur le rude exercice de la correction...... Je vous
» fais remettre le prix que vous m'avez demandé pour les dix formes
» que vous avez lues, et vous prie d'agréer mes remerciemens, avec
» l'assurance de ma parfaite considération. — G. A. CRAPELET.

» *Erratum*, à la date de votre lettre :
» 17 *cal. sept. A. D.* 1837.
» *Lege* : 17 *cal. aug*..... *Et semper et ubiquè erramus*, *in-*
» *felices typographi !* »

Je traduirai, je commenterai, en faveur des personnes à qui la langue et les usages des Romains sont encore moins familiers qu'au *célèbre* imprimeur et à moi.

La date de ma lettre du 16 août était irréprochable : mais le *célèbre* imprimeur, qui a la cruelle et déplorable manie de juger, de condamner précipitamment, a cru me trouver en défaut, et il a rédigé bien vite un modeste *erratum*, qui est une impayable balourdise. Voici le sens des mots latins qui le terminent : *Malheureux typographes que nous sommes ! nous nous trompons toujours et partout !*

Moi, beaucoup moins pressé de redresser les gens et de bâcler des erratum, je n'ai, dans le temps, fait voir à M. Crapelet son béjaune qu'au bout de quelques semaines, et cela avec toute la politesse imaginable. Mon billet commençait ainsi :

« . . . . *Et ament meminisse periti.* »

Puis venaient les vers techniques que tout le monde sait par cœur, hormis le célèbre imprimeur :

Principium mensis cujusque vocato calendas...

M. Crapelet répondit par un billet dont voici la première moitié :

« *Et ament meminisse*..... Le billet que je vous adressais était à peine sorti, monsieur et honorable correcteur, que j'ai pensé à votre date des *calendes*, et que je m'apercevais que je me méprenais moi-même. Mais mon observation n'en subsiste pas moins, *semper et ubiquè erramus*..... Seulement elle est ici pour mon compte et non pour le vôtre. »

VII. Enfin, p. 27, l. 29. — *Le correcteur le plus distingué de Paris* (ainsi l'a qualifié M. Lebrun)... Qui ne reconnaît AUDIGUIER, ci-devant *correcteur en chef* à l'I. R., et ravalé depuis peu jusqu'à la *première classe?* — Audiguier, qui s'est laissé mettre à ma place en 1832..... c'était bien permis, mais il aurait fallu... Voyez mon QUATRIÈME MATRAS, dans l'*Apprentif administrateur*, p. 28. — Audiguier,- dont il est parlé bien au long dans mes *Pathématé* (inédits) et dans mon *Essai* (inédit) *sur la correction typographique*, chapitre des *MOYENS* et autres?......... — Audiguier, pays de M. Barthe et par contre enfant gâté de M. Lebrun, etc., etc. ?

17 Juin. — **SOUS PRESSE**,

pour paraître très prochainement, chez ledit N. CIRIER,

rue de Sèvres, n° 3,

un second **PAMPHLET** qui n'aura pas besoin de clé, un pamphlet beaucoup moins niais, beaucoup moins entortillé que l'*Œil typ.*, et tout aussi peu politique. — Forte brochure in-8° (valeur d'un *juste* volume), bariolée d'un grand nombre de vignettes sur bois, pierre et cuivre :

Six francs; et pour les typographes, TROIS FRANCS.

Cette insolente *Réclamation* sera annoncée par deux affiches *pittoresques* successives, de titres différens :

1re — MÉMOIRE A L'APPUI D'UNE PÉTITION, etc.

2e — L'APPRENTIF ADMINISTRATEUR, *Pamphlet pittoresque,* etc.

Imprimerie BOULÉ et Comp., 3, rue Coq-Héron.

P. S. — Il est vrai que l'Académie plus ou moins *française* nous refuse *expé- rimentation* et sans doute aussi *expérimentateur*, bien qu'elle en possède un dans son sein, et des plus remarquables : mais je me suis rassuré quant à l'emploi ulté- rieur de ces deux mots, parce que je rencontre le second dans un volume infiniment plus respectable que l'Académie et toutes ses éditions, passées, présente et futures, dans un livre muni d'une immense, magnifique et précieuse préface,

LES SAINTS

ÉVANGILES

DE N. S. JÉSUS-CHRIST

(*Traduction de Le Maistre de Sacy*).

ÉDITION POPULAIRE

DÉDIÉE A LA NATION FRANÇAISE

PAR DES OUVRIERS IMPRIMEURS,

AVEC

UNE INTRODUCTION,

Par les auteurs de l'*Histoire parlementaire de la Révolution Française.*

PRIX : CINQUANTE CENTIMES.

Voici ce que je lis, p. ix de l'*Introduction*, premier alinéa :

Les publicistes, les hommes d'état, les politiques de profession, prennent, depuis 1789, une question française pour une question de gouvernement. A diverses reprises, vous avez cru sur leur parole, que le mal dont la Nation était atteinte venait de telle ou telle forme de gouvernement, et vous avez accompli d'immenses travaux pour des essais radicalement stériles. Vous avez tout tenté de ce côté-là, et cependant la discussion entre les hommes d'état en est encore au même point. Les uns vous disent toujours : — La France est une monarchie absolue : — les autres, la France est une monar- chie représentative ; — les autres, la France est une république. Et la Na- tion, vouée comme une AME VILE à ces trois espèces d'EXPÉRIMENTA- TEURS, passe de la pratique de l'un à la pratique de l'autre, pour être guérie d'un mal qu'elle n'a pas, pendant que le mal dont elle va mourir demeure inconnu et devient de plus en plus incurable.

29 juin, A. D. 1840, jour de la fête de deux grands *orateurs* et *praticiens*.

pour agir de compagnie, à l'exemple des deux pieds, des deux mains, des deux
paupières, des deux mâchoires..... Ainsi, il est contre la nature que nous
soyons ennemis : or, ce serait l'être que de se supporter l'un l'autre avec
peine et de se fuir. »

Gloire et honneur à Marc-Aurèle mille remerciemens à ce digne empe-
reur ! il a rapproché, rapproché par le cœur et par la pensée, deux hommes
qui se fuyaient, demain ils se supporteront, et après-demain Pierre fera visite
à Nicolas, parce que c'est son tour à lui Pierre... non pas Pierre, l'honnête
et estimable Pierre porteur d'épreuves à l'Imprimerie Royale, mais le grand
M. Pierre de l'Institut, Pierre-le-Grand si mieux vous aimez, ou Gros-Pierre
si bon vous semble.

J'ai publié, en juillet dernier, L'ŒIL TYPOGRAPHIQUE, dont ci-dessous
l'*affiche* en raccourci : c'était déjà un pamphlet. Bénin pamphlet, lardé d'im-

L'OEIL

TYPOGRAPHIQUE,

OFFERT AUX HOMMES DE LETTRES,

TYPOGRAPHES OU NON.

PARIS,

FIRMIN-DIDOT,

RUE JACOB, 56,

et chez l'auteur,

NIC. CIRIER, CORRECTEUR,

RUE DE SÈVRES, 3.

A. D. 1839. — Juillet.

DEVOIRS D'UN ŒIL.
Journ. asiat., Janv. 1836, p. 84.

Ose me démentir, dis-moi ce que tu vaux;
conte-moi tes vertus, tes glorieux travaux;
les rares qualités par où tu m'as su plaire,
et tout ce qui t'élève au-dessus du vulgaire.
AUGUSTE à *Cinna*.

PRIX : UN FRANC.

perceptibles personnalités, dans l'intérêt de la correction et des correcteurs (1); innocent, chatoyant, mystérieux libelle, qui s'attaque à trois, quatre, cinq ou six personnages plus ou moins typographiques, plus ou moins haut placés, dont l'un, ma partie adverse depuis bientôt dix ans, est nommé en toutes lettres, p. 23: c'est M. Lebrun, de l'Institut ; M. Lebrun, pair de France depuis hier, mais non point père de famille, je m'en suis trop bien aperçu à sa féroce administration.

J'ai assez de réserve, assez de charité peut-être, pour ne pas donner, même verbalement, à un petit nombre de mes connaissances, le mot de quelques énigmes contenues dans l'*OEil typographique :* à plus forte raison, je ne livrerai point à l'impression la clé de cet équivoque pamphlet de juillet (2).

Ce que j'offre aujourd'hui au dieu du jour et de la lumière, les pages que j'apporte au susdit autel de la publicité sont, sinon un bel et bon pamphlet, un pamphlet comme Courier et Cormenin le savent faire, au moins un pamphlet bien caractérisé : pamphlet pour lequel j'ai amassé bon nombre de notes assez gaies, et je me souviens d'avoir ri en en consignant quelques-unes sur mes *adversaria.*

J'ai nommé l'infortuné Courier..... Ah ! Courier, Courier ! vous n'êtes pas toujours aimable; vous avez été bien méchant pour l'Académie ! Aviez-vous réellement besoin d'un vieux fauteuil ? N'aviez-vous pas je ne sais combien de bonnes chaises, une assez belle réputation, et surtout vos vignes ? *Nota benè,* bénévolentissime lecteur, *nota per transennam,* que je n'avais, moi, que

---

(1) Pages 2, 3, etc., et surtout 34, dans l'intérêt de mon excellent confrère B ; p. 9, dans mon intérêt, à moi : « Voyez ce pauvre C, quelque peu éraillé, qui eût voulu, au moins une fois encore, se signaler au service de la typographie..... on l'envoie sans miséricorde au sabot, d'où il ira tout droit au fourneau expier le tort de son ancienneté : ainsi le veut l'incorruptible amour du beau, du bon, du parfait, qui possède l'OEil typographique....

Jeune, ardent au travail, plein de goût, plein de feu,
Réformer, corriger, ne lui semble qu'un jeu. »

(2) C'était bien mon intention, mais l'imprimerie me demande quelques lignes pour achever la présente p. 14. A cette fin, et tout bien considéré, et parce que les préjudiciables saillies d'un pitoyable amour-propre me semblent appeler cette expiation, et encore parce que je m'y sens poussé par le grand et bien intentionné Paul (1 Tim. v (*), 20) ; à ces causes, dis-je, je nommerai le principal acteur de mon petit drame ophthalmo-typographico-épanorthôtique, l'obscur et insignifiant *contrôleur des impressions* à l'Impr. Roy., le docte et judicieux M. DUPRAT, l'œil typographique personnifié (Voir p. 5, 6, 7, etc.), *l'œil barbare* (p. 33). Voyez aussi, p. 15, n. 2, des citations de son édition du Théâtre français.—P. 34, *Claudite jam rivos,* etc. Ce vers fut jadis appliqué, mais dans un tout autre sens, au fameux chancelier Duprat : remarquez, et nous dirons de nouveau, avec une majuscule : *sat Prata biberunt,* remarquez que l'ignare contrôleur reparaît en scène dans le pamphlet d'aujourd'hui (*l'Apprenti Administrateur,* p. 21) : « J'ai vu tel autre compositeur devenir chef de service, et n'être pas du tout content; il lui fallait une certaine place, *rang, case ou casse,* en plus beau jour, et moins indigne de son illustre mérite, etc. »—(*) Et non pas vi, comme on lit dans le pamphlet de M. M., intitulé : « AVERTISSEMENS A LA CAPITALE ET AUX PROVINCES, *sur leurs fléaux quotidiens qu'elles alimentent;* par l'auteur du *Tableau de dégénération* etc. », lequel auteur a produit jadis *les Crimes de la Presse,* ce qui nous explique parfaitement pourquoi il traduit aujourd'hui par *crime* un mot qui dans le texte grec, fidèlement rendu par la Vulgate, n'a jamais signifié que *péché* ou *faute.* Τοὺς ἁμαρτάνοντας, ἐνώπιον πάντων ἔλεγχε, ἵνα καὶ οἱ λοιποὶ φόβον ἔχωσι. — *Peccantes,* dit la Vulgate, *coram omnibus argue, ut et cæteri timorem habeant.* — Il a convenu à M. M. de traduire ainsi cette *mémorable prescription,* comme il l'appelle : « Reprenant *devant tout le monde* ceux qui sont coupables de crimes, AFIN QUE LES AUTRES AIENT DE LA CRAINTE. »

je n'ai encore, ni réputation, ni vignes, ni terres, mais seulement quelques centaines de bouquins, qui commencent à me déplaire bien fort, vu leur infécondable stérilité, et dont je pense à me défaire, comme d'une valetaille inutile; notez surtout, lecteur ami, que je ne demandais point, à M. Lebrun ni à personne, une place à l'Institut, mais du pain; c'est-à-dire que j'aspirais seulement à pouvoir conserver avec quelque bienséance le pauvre petit emploi que m'avait procuré à l'Imprimerie Royale mon pauvre petit mérite : mérite invisible à l'œil nu, s'il en faut croire M. Lebrun **, mais son prédécesseur l'avait jugé moins rigoureusement *.

Délicieux pamphlétaire !... mais je ne saurais vous pardonner d'avoir si

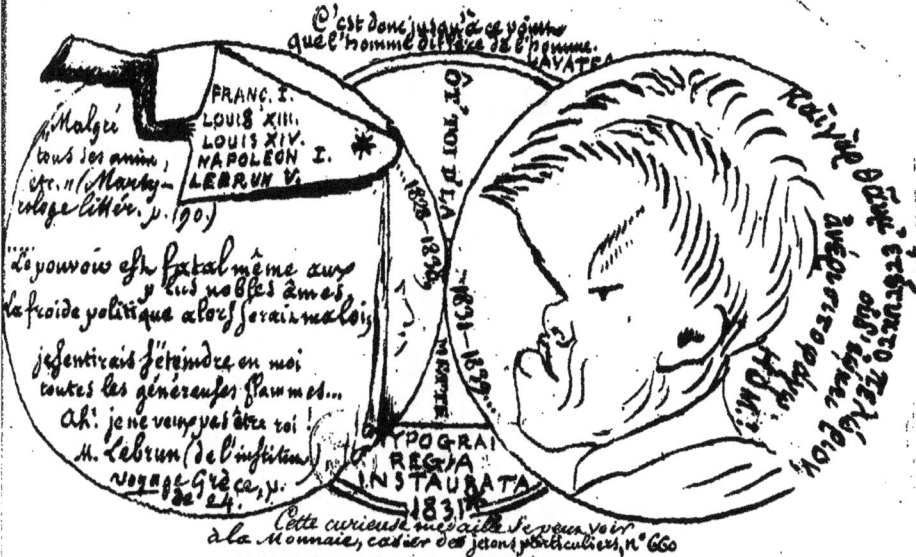

* « Mon cher M. Cirier.—J'ai lu avec beaucoup d'intérêt la lettre que vous avez cru devoir m'écrire pour me faire part des motifs qui vous déterminaient à quitter l'Imprimerie Royale. Je trouve dans le sentiment qui vous a dicté cette démarche d'autant plus de délicatesse, que vous ne deviez point cette place à mon choix, mais à votre seul mérite justement apprécié..... Je vous regretterai pour l'Imprimerie Royale, car *un père est toujours père*, et je conserve pour l'ingrate une affection toute paternelle... »—Lettre de M. de VILLEBOIS, du 16 déc. 1836.

** « Vous ne voyez que votre mérite, et vous êtes tout seul à le voir. » Charmante antithèse, ou n'importe quoi, du noble pair, alors qu'il n'était encore qu'aca.... qu'aca... qu'académicien ; antithèse qui s'est profondément gravée, mais non pas sans quelque peine, dans mon implacable mémoire; antithèse, enfin, que j'ai consignée dans mes Παθήματα, page 6. Souffrez , lecteur ami, qu'on vous serve quelques lignes encore de cet étrange ramassis, *ibid.* :

« Excepté A.....

Non, non ! je n'aime point de pseudonymes voilés ;

j'ignore l'art menteur des points et des étoiles (*Némésis*),

excepté AUDIGUIER, compatriote, et camarade peut-être, de M. BARTHE, ministre de la *justice* en 1832, excepté

(*) 6 avril. — Nous apprenons à l'instant, et de très bonne part, que l'OEil typographique, l'OEil barbare, M. Duprat enfin, continue à éprouver de violens accès de mécontentement. Nous sacrifions de grand cœur trois ou quatre pièces de 15 c. pour informer, par la voie de la CORRECTION SUR LE PLOMB, M. Duprat et le très petit public auquel nous nous adressons, que nous prenons le plus vif intérêt à la juste peine du malin contrôleur des impressions. Mais nous connaissons trop bien, par une longue expérience, la justice et le discernement de son incomparable Mécène, M. Lebrun   pour ne pas engager fortement M. Duprat l'OEil à prendre, lui aussi, son mal en patience. Qu'il se garde bien, nous l'en conjurons au nom des plus chers intérêts de l'Imprimerie Royale, qui n'a pas cessé de nous être chère à nous-même, qu'il se garde bien, à moins d'être évidemment poussé à bout, d'aller porter à quelque obscur atelier l'irremplaçable trésor de sa spécialité! — Ce qu'un savant mathématicien voulut bien dire, en 1833, à un homme-de-peine qui est fort de nos amis, nous le répétons avec confiance à M. Duprat, le lui donnant comme vérité démontrée : « On finira par lui rendre justice. » Le budget est beaucoup trop honnête, mille fois trop complaisant, trop élastique, pour refuser obstinément quelques mille francs d'augmentation à d'aussi éminens services.

indignement, si brutalement frappé l'honnête vieillard, le respectable helléniste (sic) qui possédait tout au moins le mérite d'avoir entretenu, ranimé sur
l'autel classique, le feu sacré de la grécité. Comment avez-vous pu, ambitieux
vigneron, ne pas rougir de ramasser dans la boue d'un collège, pour le lancer contre M. Gail, le méprisable adage de quelques polissons ? (1)

Canonnier maladroit ! dans votre aveugle dépit, vous avez voulu croire,
et nous persuader qu'il fallait, pour parvenir... notamment à cet « INSTITUT NA-
TIONAL, chargé de recueillir les découvertes, de perfectionner les arts et les
sciences »; chargé aussi de nous confectionner un dictionnaire, pour y classer
par ordre et définir tant bien que mal *administrateur* et *goujat, employé,
passe-droit, zèle* et *résignation; école; avanies, tribulations ; pot-de-vin* (*);
morgue, le, brun; cirier, nargue, etc., etc. ; vous avez cru, dis-je, qu'il fallait, pour arriver à quelque chose, autant de grec que vos robustes épaules en
pouvaient porter : vous paraissez n'avoir pas soupçonné que ce trésor pût être
remplacé, suppléé... par de l'arabe, ou de l'entregent, ou n'importe quoi.
Il n'en est pas ainsi, et fort heureusement pour ceux qui, comme moi, li-
sent le grec et même le comprennent un peu, mais qui ne le savent pas.

..... Et vous, lecteur? serez-vous assez aimable pour me pardonner cette
infâme digression ?... Oui, car vous aussi, comme le Malade imaginaire,
vous êtes *naturellement bon*. Plaignez donc ma pauvre tête, égarée par
mon pauvre cœur, et souffrez que je vous ramène à mes... à mon mouton, à
ce bon M. Lebrun, sur le compte duquel, disais-je, j'ai rassemblé des notes
assez *gaies*...

Cette gaîté aurait dû, semble-t-il, se produire surtout dès la première livraison : mais hélas ! voilà que je me sens triste, excessivement triste.... Pour

---

Audiguier, qui a été admis de confiance.....

PHILAMINTE.

La main qui le présente en dit assez le prix.

TRISSOTIN.

Il a des vieux auteurs la pleine intelligence,
et sait du grec, madame, autant qu'homme de France.)

excepté Audiguier, admis, dis-je, de confiance, tous les correcteurs de tout rang,
que j'ai vus entrer à l'I. R., sous M. Lebrun lui-même, y sont entrés, comme moi,
par *concours;* espèce de concours à huis-clos, sans solennité, et non annoncé dans
les journaux. On a même fait servir à ces divers examens l'*épreuve* de 1828. Après
quelques essais peu satisfaisans tentés sur différentes personnes en 1833, pour remplir le vide laissé par la retraite de M. Demange (dont l'emploi de 1re classe fut si
judicieusement, si humainement supprimé), on s'arrêta à Laurent, mon excellent
confrère et collègue, Laurent qui, lui, avait fait ses preuves, ainsi que moi, en
1828, et comme moi avait été honorablement mentionné au *Moniteur* (27 octobre 1828). »

Encore un rien, lecteur ami, un rien, S. V. P., de ces douloureux *Pathèmata,*
p. 10 : « Il a donc bien peu de cœur, bien peu de jugement, l'homme qui n'a pas
senti qu'au lieu de ce papier mensonger et calomnieux... (la *Réponse* de M. Lebrun
à ma *Lettre de démission*), il devait à l'honnête homme, lettré comme lui, autant
et plus que lui, qu'il avait si indignement, si complétement brisé, qu'il lui devait
de l'appeler ou de l'aller trouver, et de lui faire entendre des paroles généreuses,
paternelles, etc. (*Lettre à ma sœur.*) »

(1) Voir, dans les Pamphlets de COURIER, sa *Lettre à l'Académie.*

(*) L'honneur s'est réveillé dans le cœur de la France,

dit en frémissant *Pot-de-Vin,* dans les NOUVELLES SATIRES de M. BARBIER,
p. 72.

vous faire une idée de mon fâcheux état, ami lecteur (employé, employable, ex-employé), mettez ensemble le χωόμενος κῆρ du protecteur et l'ἀκέων du protégé, le courroux d'Apollon et les larmes muettes de Chrysès, et ce sera encore trop peu.

Tristia mæstum
vultum verba decent, iratum plena minarum : je vais donc, sans avoir, comme Don Quichotte, l'avantage de pouvoir opter entre *fou triste* et *fou gai* (et que Dieu vous préserve à jamais, lecteur ami, du *fou furieux*, et surtout d'un *mauvais apprenti* administrateur, car le fou furieux, on s'en gare, *fœnum habet in cornu*), je vais, dis-je, poser en *fou maussade*, et voici comment je prétends initier mon lecteur aux mystères de mon petit démêlé avec l'immortel, autrefois percepteur de première classe, qui se carre depuis hier dans une belle chambre, à côté d'une autre chambre, assez belle aussi, dans laquelle il ne se sera jamais assis... car

Sait-*il* qu'avant d'entrer dans l'arène publique,
il faut que devant nous tout citoyen explique
ce qu'il fit pour la liberté ?
(NÉMÉSIS, *à M. de Lamartine.*)

Ci-après donc,

I. Les PREMIERES PAGES, frontispice ou portail à trois ogives, DE MES PATHÉMATÉ, de cette *compilation excentrique, hybride,* encore *inédite,* dont il est question déjà dans l'*Œil typographique,* p. 14 (lequel *Œil,* N. B., lecteur ami, tiré à 500 exempl., est toujours et sera long-temps encore à votre disposition, chez F. Didot, rue Jacob, 56, et chez l'auteur, rue de Sèvres, 3).

II. Une LETTRE A M. BARTHE.—Mitonnée pour l'ex-ministre de la *justice,* en vue de lui épargner la peine de lire mes *Pathématé,* dont le premier exemplaire lui était destiné; cette *Lettre à M. Barthe* n'a été ni imprimée, ni envoyée à son adresse. Il n'en est pas ainsi de

III*. Une LETTRE A M. LEBRUN, *etc.*, non publiée, mais imprimée

---

* En tête de cette III⁰ pièce, une effroyable parodie du délicieux *mauvais-sujet* (de JAZET), effroyable, abominable, détestable, parce qu'elle est de moi qui ne suis point dessinateur, qui suis d'ailleurs novice, inhabile en autographie, comme en mille autres choses, et qui, pour cette copie, ai trouvé dans les procédés autographiques encore plus de difficultés, plus de mécomptes que pour toutes les autres vignettes, qui sont aussi de ma main, excepté la *Dédiquasse homme-n'y-a,* tailledouce de M. DESJARDINS, et l'*Ecusson Veau-d'or,* gravure sur bois par M. GALLAUD. Ajoutez à cela, pour compléter l'opprobre de mes *illustrations,* et m'achever de peindre, une impression manquée, le détestable tirage d'un grand nombre d'exemplaires.

Quant au chinois du frontispice et de la p. 13, et à l'accolade *spoliatis arma supersunt* (**I**, 2 et 3), je les ai charpentés à coups de canif. Le second des mots chinois signifie *œil;* le premier, *fatigue, affliction, endurer,* et est matériellement composé de deux mots, dont celui de droite signifie *force;* celui de gauche désigne un *pinceau,* dont les Chinois se servent pour écrire, et signifie aussi (comme chez les Grecs γράφω) *écrire* et *peindre.*

La composition de ce groupe rappelle donc une sentence de Salomon : *Qui addit scientiam, addit et laborem :* « mais ce qu'il y a de pire, disait Courier, l'étude rend orgueilleux. Celui qui étudie s'imagine bientôt en savoir plus qu'un autre, prétend à des succès, méprise ses égaux, manque à ses supérieurs, néglige ses protecteurs, et ne fera jamais rien dans *la partie des lettres.* »

2

depuis environ six mois, tirée à cent exemplaires, dont un seul, envoyé à M. Lebrun, est sorti jusqu'au moment où j'écris ces lignes.... Je me trompe, tout est sorti : l'édition tout entière a été adressée par moi, livrée, sacrifiée à M. Lebrun : mais M. Lebrun, généreux, grand, judicieux comme on ne l'est pas, comme on ne l'est plus, M. Lebrun m'a renvoyé 99 exemplaires, et même n'a pas voulu garder la lettre (manuscrite) dont tout cela s'accompagnait; ce qui me procure la facilité d'en mettre un extrait sous les yeux du lecteur, pour le faire juge de ma longanimité : « 16 oct. 1839. — Monsieur, en présence de l'Evangile, et notamment de ces remarquables paroles : *Diligite inimicos vestros*, précepte susceptible entre M. L. et C., d'une application bien diverse, puisque pendant une suite d'années C. a cru voir des raisons de haïr, détester, maudire, et que pour son malheur il a haï, détesté, maudit, au lieu que M. L., qui a conservé et obtenu tous les avantages de sa brillante position, ne saurait m'imputer que l'importune ténacité de mes impulsantes réclamations; — en présence de l'Evangile, pour lequel je professe un respect aussi sincère que profond, et que sans doute, monsieur, vous révérez vous-même aussi; de l'Evangile, qui enseigne l'humilité, l'abaissement, et dont pourtant l'esprit n'est point un esprit de servilité, puisqu'il a aboli l'esclavage (*Inspiré par ce Dieu, qu'indigne l'esclavage, — peuple, relève-toi...* LEBRUN-PINDARE); — en présence de l'Evangile, qui prescrit par dessus tout l'amour des hommes, je m'aventure, monsieur, à vous prier de voir dans votre âme et conscience ce que vous pourriez faire pour adoucir, pour terminer la peine d'un malheureux qui... Je ne saurais achever sans faire préalablement un appel à toute votre bonne foi, monsieur, sans vous rappeler que vous êtes homme, et partant sujet à faillir... J'achève à présent, je reprends et je dis que je m'aventure aujourd'hui à vous prier de voir dans votre âme et conscience ce que vous pourriez faire pour adoucir, pour terminer la peine d'un malheureux qui vous doit son infortune. — Malheureux, dis-je, mais non point encore misérable, grace au Ciel; malheureux, parce que je regrette une position qui m'a été arrachée par une violence morale, parce que... »

IV. Enfin, EPIGRAPHES pour les livraisons ultérieures.

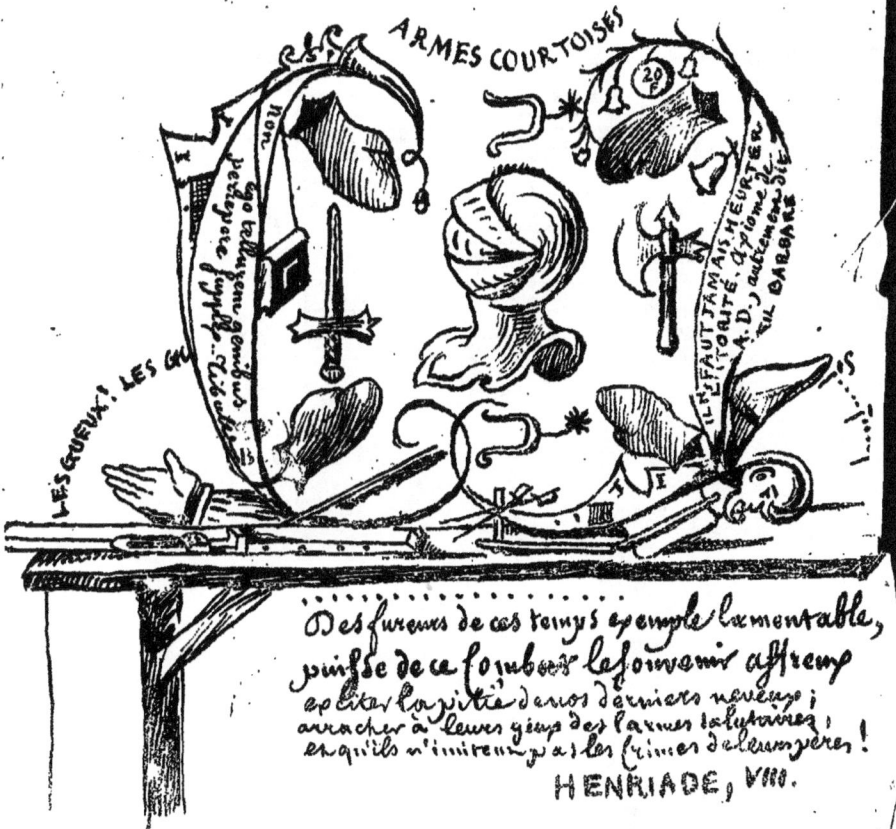

ARMES COURTOISES

Des fureurs de ces temps exemple lamentable, puisse de ce combat le souvenir affreux ex[c]iter la justice de nos derniers neveux; arracher à leurs yeux des armes salutaires; et qu'ils n'imitent pas les crimes de leurs pères!

HENRIADE, VIII.

(Etudes et Tribulations.)

ÉTUDES SUR VIRGILE.   **TRIBULATIONS ÉPANORTHOTIQUES.**

RECUEIL DE LETTRES (*)

PUBLIÉ PAR NICOLAS CIRIER,

CORRECTEUR,

Membre de la Société asiatique de Paris, de l'Académie de la Triple Industrie (agricole, manufacturière, commerciale), *nec plus ultrà*.

« Tout écrivain (dit M. Barthélemy, note 3 du livre VII de son Enéide), tout écrivain peut faire des *Etudes sur Virgile*. » — N'était mon amoureux respect pour le poëte mantouan, n'était le sérieux de la page en regard, j'aurais mis ici : ÉTUDES POUR RIRE. *Etudes pour rire* sans doute, si l'on veut se rappeler les noms de Tissot, Eichhoff, Paillet aussi peut-être ; mais Etudes ayant cela de grave et d'utile, qu'elles me fournissent dès les premiers mois l'occasion de proposer contre les acceptions virulentes, haineuses, etc. des vers que je cite, des vers originaux, et surtout des vers-occies. Car, par exemple, qui ne serait naturellement porté à voir dans ce seul monosyllabe de Delille, un L., mépris profond, fiel amer, etc. ? Je proteste donc aujourd'hui 25 mars 1830, et je proteste de toutes les forces de mon christianisme (1), contre ces fâcheuses interprétations. Non, il n'y a pas plus dans ma pensée un perfide *Ulysse* (πολυμηχανος, μωλοτεργως Ώδυσευς) qu'il n'y a en ma personne un fourbe *Sinon*, une *beauté divine* (Barthélemy), etc., etc.

> Je ne demande aux dieux ni vengeur, ni victime....
> Je suis un étranger qui demande un asile.....
> M. Lebrun, trag. d'*Ulysse*.

> Tranquillise le cœur qu'irrita l'injustice.
> — Q. Id. lu-*Bonheur d'avoir étudié*.

> *Hoc primum*; *nec si miserum fortuna Sinonem finxit, vanum etiam mendacemque improba finget.* Virg.

(*) *Detegimur in epistolis, et subjicimur oculis: perd nudit. Nosse me est alium vis? Epistolas lege, quæ diu loquuntur...*
Justi-Lips.

Ασπρων : ανδρος, ανδρος τ' αριςτευτατου, και πολλα μαχθησαντος.
Grégoire de Naz. *Mémoires autobiographiques.*

SPOLIATIS   SUPERSUNT JUV.

Elle sent dans son cœur un dépit indomptable....
Sa beauté méprisée. Impardonnable outrage,
de l'amoureux Pâris le fatal jugement.... — Segnais, 1681.
De ses dépits jaloux la cause injurieuse
est sans cause présente à ses yeux indignés :
par l'insolent Pâris ses appas dédaignés,
le coupable présent de la pomme fatale,
un *Lebrun* pour arbitre, *Audiguier* pour rivale.—Delille, 1804.
... Se retraçant dans un long souvenir...,
et Pâris contempteur de sa beauté divine.—Barthélemy, 1835.
Son antique dépit, né d'un cruel affront,
vit encore.... — Cirier, 1835.
                        (Voir la suite des *Etud.* p. 2v. après la p. 28 et dernière des *Tribul.*)

(1) « Si mon christianisme ne va pas encore jusqu'à excuser et oublier le mal que m'a fait l'homme de l'Imprimerie Royale, avec quons nous à ce parler sans trop de colère. À d'autres un acte de charité et m'en prenda à Au-diguier, ni à son officieux compatriote Barine, ni à D'sprat, cause occasionnelle de ma démission, qui, pour rerre sur rire masse ébranler, deracelir de déslacer trompe par deux grands coups, suivis d'une infinité de petits, n'a eu besoin que de le pousser du bout du doigt... » (*Lettres à M. Lebrun*, close p. 18, l. 4.)

(MA CARRIÈRE TYPOGRAPHIQUE)

1799		ou 1800, mon premier maître d'écriture, le respectable M. Sarcourt, assure que j'aurai une belle main. Il se trompait ; je n'étais pas né pour l'espadrin.
1814	1819	apprenti=factotum, ouvrier polychreste, chez M. Joly, à Château-Thierry : balayeur, paisseur, compositeur, pressier, correcteur, proto.
1819	1820	compositeur à Paris, chez M. Smith.
1820	1827	proto à Reims, chez M. Delaunoy.
1827	1828	compositeur à Paris, chez MM. Tilliard et Pinan Del.
1836	1836	correcteur ib., chez MM. de Villadois et Lebrun Impr.
1836	3 déc.	chassé, impitoyablement chassé. (Imp. Royale).

Quædam parva quidem, sed non tolerunda. Juv.

Οὗτος ἐμὸς φίλος ἐστί, οὐ δ᾽ ὡς πλέον ἄλλου ἔπαγες ἄλλος ἂν ἄλλοιον πνεύματος ὁρμὴν ἔχει.

Οὔτε τινὸς θάνατον ἐπέδρομεν......

AROMA

Manet altâ mente repostum Judicium Paridis, spretæque injuria formæ.
Æneid., I, 30, 5(.)

Οὐ πᾶσιν θνητοῖσιν ἀπεχθέος εἶναι λάθης, ἦτε καὶ ἥμιν ἄνδρα χόλου πίμπλανσι τάχιστα. Ib.
car *Injuriam facilè patior, si sit vacua à contumeliâ.* Phædr.

SOMMAIRE

(1) ΠΑΘΗ— —ΜΑΤΕ (2).
(Etudes et Tribulations.) — Voilà donc deux passions en regard : deux passions bien diverses, sans doute, mais certainement aussi, et ...

.... Un poste que j'ai quitté volontairement sans doute, mais non pas volontiers. Et cette position, qui me l'a ôtée ? Je m'en prenda ni à Au-diguier, ...

HIS : mars 1839 (*Crise ministérielle*).

quoi qu'on dise, très inoffensives l'une et l'autre. Deux passions, dis-je : passion verso, un grand AMOUR de Virgile, amour signalé par quelques essais de traduction ; passion recto, un DÉPLAISIR profond, *altâ mente repostum*. Dites, si vous voulez, *ressentiment* au lieu de déplaisir, mais non point *ressentiment contre*, ressentiment contre tel et tel.

Qu'est-ce donc, me réplique-t-on, qu'est-ce alors que votre rhapsodie *bifrons*? Quel peut être le but, l'intention, etc., de cette publication :

ἐξ ὧν δ' ὑπήχθην ταῦτα δοῦναι τῷ λόγῳ;

οὐ γάρ φίλον μοι πολλὰ ῥαψῳδεῖν μάτην.

A cette question je réponds dès et par la première page (supprimée dans cet extrait): Ὁ ΔΥΝΑΜΕΝΟΣ ΧΩΡΕΙΝ ΧΩΡΕΙΤΩ, demandant toutefois qu'on veuille bien remarquer et distinguer soigneusement les dates, notamment les deux de la page 2 : 23 juillet 1838 et 25 mars 1839.

Je répondrai encore si l'on veut, et plus explicitement, par quelques vers du théologien souvent cité, pourvu qu'on n'infère pas du mot ἐχθροῖς qu'il y ait dans mon cœur plus de *haine* qu'il n'y en eut sans doute dans celui du saint évêque :

..... Τὸν λόγον,

ἔχητε τοῦτον, τῆς ἀνίας φάρμακον·

ἐχθροῖς ὄνειδος, μαρτύριον δὲ τοῖς φίλοις,

ὧν ἠδικήμεθ' οὐδὲν ἠδικηκότες.

Et pour finir enfin par un trait, non pas *de satire*, mais de morale, cette note hétéroclite, je reproduirai ici l'intéressant calembour qui a été fait sur παθήματα, et qu'on pourra lire un jour sur un monument du Père-Lachaise ; monument encore en herbe, en carton, dans mon cabinet, dans ma nécropole ; monument voué à la mémoire d'une cœur chérie, dont la piété douce et courageuse est également digne d'être remarquée et imitée.

I

... O dii immortales! ubinàm gentium sumus? — Cic.

A MONSIEUR **BARTHE,**

SON VOISIN,

HOMMAGE DE L'AUTEUR.

NICOLAS,

ex - homme de peine à l'Impr. Royale.

« ... Vous voilà tout étonné : vous n'avez jamais rien lu de pareil dans *le Pédagogue chrétien*. Tâchez dorénavant, vous et... »

(VOLTAIRE, *Questions sur l'Encyclopédie*, IGNORANCE, VIe ignorance, p. 145, éd. Palissot.)

« ... Je compte que les Remarques que je uous enuoie ne seront que pour uous, ou tout au plus pour quelqes amis intimes à qui uous trouuerez à propos d'en faire part. Ce n'est point icy un ouurage à rendre public. »

(*Lettre-préface* d'un manuscrit de dom GERVAISE, ancien abbé de la Trappe.)

Exemplaire unique, prémices du tirage. — Le récond, si second il y a, est destiné à M. LEBRUN, de l'Institut.; le 3e, au grand M. COUSIN, le 4e...

II.

Copie d'une Lettre destinée, en mai 1839, à **M. BARTHE,**
ex-ministre de la Justice.

Monsieur, — Je connais trop, pour ne pas éprouver en ce moment un grand embarras, je connais trop pour mon propre compte le prix du temps, et que ce riche élément, étoffe de la vie, doit être ménagé surtout par ceux et pour ceux qui sont haut placés..... Tout bien considéré, monsieur le ministre, si vos momens sont précieux, mes droits me sont chers, ils sont sacrés, et il est bientôt temps que j'obtienne une ombre de justice. Ne lisez point (hormis pourtant, s'il vous plaît, le A! A! A! de Jérémie) (1), ne lisez point dans mes PATHÉMATÉ tout le détail de mon différend avec M. *Lebrun, de l'Institut,* ou plutôt, hélas! M. *Lebrun, de l'Imprimerie royale;* mais, de grâce, honorez de quelque attention le résumé ci-après.

J'étais entré par concours (*Monit.* 27 oct. 1828) à l'Imprimerie Royale, en qualité de *correcteur de 2e classe.*

M. Beaufils, *correcteur de 1re classe,* mourut en 1832 : il fut remplacé, sans concours, sans examen, par un homme étranger à l'établissement; étranger aussi au grec, et même, assure-t-on, étranger au latin, par A., votre compatriote, monsieur le ministre.

Quelques mois après, M. Demange, l'autre correcteur de 1re classe, prit sa retraite et ne fut point remplacé. L'emploi fut supprimé, et cela valut à A. un surcroît, sinon de profit, au moins d'honneur : le titre tout neuf et très remarquable de *correcteur en chef* (voir, s'il vous plaît, le A! A! A! susdit).

Aquila sans doute, monsieur le ministre, *aquila non capit muscas; prætor,* etc. : mais (on sait d'ailleurs ce que le rat se trouva pouvoir faire pour le lion, et, à l'appui de la maxime : *Il faut, autant qu'on peut, obliger tout le monde,* le fabuliste ajoute qu'*on a,* non pas quelquefois, mais *souvent, besoin d'un plus petit que soi*), mais, voulais-je dire, mais la justice, la justice! mais l'humanité!... ces mots parleront à votre cœur, monsieur. Daignez donc, au nom de ces grandes vertus, daignez, à la prière d'un homme d'honneur et de cœur, arrêter un instant votre attention sur ce que vous avez *fait* et *laissé faire.*

En entrant à l'Imprimerie Royale, j'avais nécessairement des droits à l'avancement, j'avais l'espoir fondé d'en obtenir : les juges du concours, tout en me félicitant de mon succès, me montrèrent en perspective cet avantage obtenu dans un nouveau concours, et m'exhortèrent à travailler en consé-

---

(1) « Pendant quelque temps, A. l'ἀναλφάβητος fut chargé de *revoir* après nous, d'apposer son *vu* aux épreuves lues par nous, Laurent et moi, correcteurs sous-chefs, correcteurs sans titre. Or, notez que, dans le tri des labeurs, le chef de la typographie était soigneux de n'en adresser que de français à A........ Mettons ici, si ce n'est pas le profaner, le A! A! A! de Jérémie (I, 6), et disons qu'il faut être... qu'il faut être de l'Académie pour administrer aussi heureusement.—Soyons équitable et sincère : nous avons vu, Laurent et moi, notre grand collègue fort embarrassé, *indigné* même *de sa gloire,* comme Spartacus de récalcitrante mémoire... Mais, non! nous n'avons rien vu, car il nous était réservé à tous d'entendre, à quelques années de là, ledit A. se plaindre amèrement d'avoir été déchargé de ce fardeau, de *cet excès d'honneur,* ou du moins il a fait entendre qu'il n'avait point *mérité cette indignité.* » (PATHÉMATÉ, p. 24.)

quence. On sait assez si j'ai travaillé avec ardeur. Et pourtant j'aurais pu m'en dispenser : car je n'avais pas tardé à reconnaître que, dès long-temps avant mon entrée à l'I. R. et celle d'A., on pouvait, avec une instruction très ordinaire, y briller au premier rang des correcteurs, voire même être réputé, garanti phénix.

Un étonnant, un étrange, un risible, un infâme passe-droit a été la première récompense de mon aptitude, de mon zèle et de mon ardeur..... Veuillez comprendre, monsieur le ministre, ce qu'il y avait d'amertume déjà dans ce calice de votre main : le concours et son honorable chance supprimés, mes services et mon ancienneté relative mis en oubli, et la place donnée à un étranger

... externusque in regnum quæritur hæres.—Virg.

un étranger qui pouvait sans doute, sous le rapport moral, valoir beaucoup mieux que moi, mais il n'était pas question de décerner un prix de vertu. Et s'il faut parler de certificats (car l'Imprimerie Royale en demandait à ces concurrens de 1828, parmi lesquels A. n'eût pas même obtenu une mention honorable), je défierai A. et tout autre d'en produire de plus satisfaisans que ceux que j'ai exhibés (en voir un échantillon, p. 22 des *Pathématé*) (1).

Après ce que *vous aviez fait*, monsieur le ministre, combien me fut douloureux ce que *vous laissâtes faire* au bout de quelques mois, alors que ma première plaie était toute saignante encore ! En supprimant l'autre emploi de 1re classe, en m'arrachant la planche de salut, on m'ôtait toute consolation, tout espoir d'avancer désormais. Cette vacance eût été une assez belle occasion de réparer, d'indemniser, sans compromettre aucunement l'amour-propre du malencontreux directeur : il a su, lui, faire de cette conjoncture la

Je me suis résigné, ai-je dit, et pourtant j'ai fini par donner ma démission..... C'est qu'il y a eu violence morale, expulsion morale ; c'est que j'aurais rougi de moi si j'avais eu le lâche courage de dévorer le mille et unième affront qui m'attendait en 1836, après les profondes blessures de 1832 et de 1833 ; affront dont l'ignoble main, ou plutôt l'ignoble langue, de *l'œil typographique* devait être l'exécuteur.

Ai-je besoin, monsieur l'avocat, de vous prier d'excuser la franchise, la hardiesse de ce résumé ? N'est-ce point à cette chaleur que votre illustre confrère d'autrefois, quelque peu célèbre encore aujourd'hui, reconnaissait qu'on avait été réellement lésé (... *Nunc audio vocem læsi et violati*, dit REISK, après Démosthène, T. IV, p. 710) (1).

---

comme Audiguier, et qualifié *correcteur de 1re classe*, comme Audiguier aussi et malgré l'extrême répugnance de ce bon M. Lebrun à *dégrader* (historique) son favori. —(*) «Mon cher Cirier,» m'écrivait Laurent le 25 juin 1838, «je me fais un véritable reproche d'avoir reçu depuis plusieurs jours l'avis officiel, et complétement inattendu, que mes appointemens seraient portés, à dater du 1er juillet prochain, de 3000 à 3500 francs, et de ne vous avoir point encore donné connaissance de cette bonne nouvelle. Me voici donc le bâton de maréchal en main ! Je regrette sincèrement que vous n'en teniez point un semblable, que vous êtes si capable de porter. Je conviens cependant que votre position est plus indépendante, et peut-être aussi fructueuse. Tout est donc pour le mieux, au moins il faut le croire, dans le meilleur des mondes. — Tout à vous. — Laurent. »

« Malgré ma répugnance à alonger cette rhapsodie (mes *Pathémata*, dont ceci est une note), je n'ai point cru devoir résister à la tentation de produire ce monument authentique de la franche amitié qui m'unit à mon excellent confrère Laurent, mon rival, et rival heureux, au concours de 1828. Je profiterai de cette occasion pour publier une réflexion que j'ai pu et dû faire à plusieurs reprises : réflexion un peu triste ; mais si l'on s'en prévalait pour m'attribuer des sentimens de basse et coupable jalousie, j'opposerais avec confiance à cet odieux soupçon la lettre de Laurent.

Oui, j'ai vu tout prospérer autour de moi à l'Imprimerie Royale ; j'ai vu (et cela s'était déjà rencontré avant moi), j'ai vu tel compositeur devenir correcteur, sous-prote, prote ; tel autre (compositeur *item*), chef de service..... et n'être pas du tout content : il lui fallait une certaine place, *rang*, *casse* ou *case*, en plus beau jour, et moins indigne de son illustre mérite; une place dont la mort s'est chargé de pourvoir, autrement que PAR DROIT DE CONQUÊTE, tel autre enfant de la balle (ou du rouleau), déjà assez confortablement pourvu PAR DROIT DE NAISSANCE (*gaudeant bene nantis !*). J'ai vu un relieur, brave homme de mes amis, s'élever de la presse à rogner à un petit bureau, et être bien content, lui, lui plus judicieux et moins arrogant, je veux dire plus modeste. Comme feu Lebrun, *j'ai vu* tout cela et bien autre chose encore, à quoi je ne trouve point à redire, sinon qu'on a peut-être quelquefois porté l'eau à la rivière. Mais il faut apparemment que cela soit ainsi : comme le royaume des cieux, le florissant empire de la bureaucratie ne doit-il pas avoir ses mystères, et comment oserais-je me plaindre quand je lis dans l'Evangile : « ὅστις γὰρ ἔχει... (MATH. XIII, 11). — Jésus répondit à ses disciples : Il vous a été donné, à vous autres, de connaître les mystères du royaume des cieux, mais non point à ceux-ci. Sachez donc qu'on donnera à quiconque a déjà ; quant à celui qui n'a point, on lui ôtera même ce qu'il a. — Autre analogie, encore plus remarquable : *Sic erunt novissimi, primi...* Ainsi donc, les derniers arrivés seront les premiers, *et vice versâ* (MATH. XX, 16.). »

Voilà bien mon cas, quoi qu'on die, deux fois mon cas : *délogé* et *dépouillé*, et je me sens ainsi ramené tout naturellement à cette conclusion de ma longue et pénible réflexion : il y avait sans doute, quant à moi, nécessité *axaltique* que mon *succès tel quel* fût compensé par un tonneau d'amertume ; et convenance, pour un concurrent tant soit peu moins heureux en 1828, d'être dédommagé en 1833, 1837 et 1838.

(1) Λέγεται, ἀνθρώπου προσελθόντος, δεομένου συνηγορίας, καὶ διεξιόντος ὡς ὑπό του λάβοι πληγάς· Ἀλλὰ σύγε, φάναι τὸν Δημοσθένην, τούτων, ὧν λέγεις, οὐδὲν πέπονθας. Ἐπιτείναντος δὲ τὴν φωνὴν τοῦ ἀνθρώπου καὶ βοῶντος· Ἐγὼ, Δημόσθενες, οὐδὲν πέπονθα; —

Si ma cause est évidemment bonne, monsieur l'avocat; s'il est incontestable
aussi, monsieur le ministre, que vous avez trempé dans le dommage que j'ai
souffert.... Je voulais parler de Desbarreaux et de sa généreuse réparation,
mais ma fierté redoute un mal-entendu.

J'ai dit, monsieur, en invoquant au nom de la justice et de l'humanité toute
votre attention, j'ai dit ce que vous avez *fait* et *laissé faire* contre moi : j'o-
serai, réclamant aux mêmes titres la même attention, parler de ce que vous
pourriez *faire* aujourd'hui pour moi.

Première complaisance : lire les pages 18—27 de mes *Pathématé*, c'est-
à-dire la lettre cotée VIII,

ayant pour titre :

> *Envoi* (à M. Lebrun), *très inattendu sans doute, de*
> *l'expression de tous mes sentimens.*

avec cette épigraphe :

Confusion derisoire et Derision confuse.

... (LA NEF DES FOLZ DU MONDE, *navis stultifera* de
Brandt(7), prologue du translateur).

et qui commence ainsi :

« A Monsieur le directeur de l'I. R. — Ma quarante-septième année
vient de sonner : tout autre que vous, monsieur, dira que j'étais digne
d'un meilleur sort. — Moi aussi j'avais des *services*, moi aussi (n'en déplaise à l'atroce inculpation : *vous n'avez point, vous n'avez jamais
eu de zèle*), moi aussi j'avais montré du *dévouement*. J'ai, sinon vieilli,
au moins blanchi à l'I. R. : blanchi dans les travaux de mon emploi,
toujours assez pénibles par eux-mêmes ; blanchi dans des études arides,
utiles à mon emploi, courageusement entreprises et patiemment soute-
nues en vue de faire honneur à l'établissement qui m'avait choisi, de
justifier sa préférence, et de mériter l'avancement promis, dès mon entrée, à mes efforts. — Oui, monsieur, moi aussi, j'ai dignement, cons-
ciencieusement servi l'I. R. : votre équité, votre jugement me sont un
garant que vous ne m'objecterez point quelques petites résistances étudiées, sans importance aucune pour le bien du service; protestations
muettes d'une âme ulcérée, réclamations tacites d'un loyal serviteur désespéré.—J'ai fait mon devoir à l'I. R., etc. »

Seconde et dernière complaisance, monsieur, monsieur le ministre, monsieur l'avocat, monsieur Barthe enfin ! Complaisance facile aussi, facile surtout
pour un homme judicieux.

Complaisance, monsieur, dont je vous saurai un gré infini, et qui pourra

---

Νὴ Δία, φάναι, νῦν ἄκουω φωνὴν ἀδικουμένου καὶ πεπονθότος. Οὕτως ᾤετο μέγα πρὸς πίσ-
τιν εἶναι τὸν τόνον καὶ τὴν ὑπόκρισιν τῶν λεγόντων.

Pour la commodité ou l'agrément d'un certain nombre de lecteurs, spécialement
parmi ceux qui me feront l'honneur de me lire à l'Imprimerie Royale, je me permettrai de joindre au texte de Plutarque la traduction d'Amyot :
« On raconte qu'il s'adressa un jour à lui (Demosthenes) quelqu'un qui le pria de
prendre sa cause en main pour la plaider, lui contant comme un autre l'auoit battu,
et que Demosthenes lui dit : Voire mais de tout ce que tu me dis il n'en est rien ;
car l'autre ne te batit onques. Adonc le complaignant renforça sa voix, et commença
à crier plus haut : Comment ? il ne m'a pas battu ? — Si a vrayement, respondit lors
Demosthenes : car ie reconois maintenant la voix d'un homme qui a veritablement
esté batu. Tant il estimoit que le ton de la voix, l'accent et le geste de prononcer en
une sorte ou en une autre, auoient de force pour faire croire ou decroire ce qu'on
dit. »

arranger bien des choses (1), en prévenant une espèce de scandale, et peut être un malheur : car je suis, je ne crains pas de le répéter, je suis homme d'honneur et de cœur.

Ayez donc, monsieur, l'extrême bonté de m'adresser un billet autographe, olographe, portant que vous désirez m'entretenir, et que vous vous rendrez tel jour, à telle heure, près de

Votre très humble et dévoué serviteur,

Nicolas CIRIER, *correcteur*,

Votre compatriote aussi, quoique Lorrain.

Paris, mai A. D. 1839. »

Sèvres, 3. »

---

(1) « Notamment, décharger d'un grand poids l'auteur d'*Ulysse*, tragédie... *hoc Ithacus velit.* Ce pauvre M. Lebrun, qui, dans son amour-propre si étroit, s'obstine à refuser une indemnité minime, infiniment petite (*da, precor, huic atquem, solatia mortis, honorem*), M. Lebrun pourra devoir à son ex-chef M. Barthe d'en être dispensé, à M. Barthe, cause première du fait administratif qui commence la longue chaîne de mes TRIBULATIONS ÉPANORTHOTIQUES. — *Carbones succensi sunt ab eo* (Ps. XVII). »

Il est bon que le public (le petit public d'honnêtes gens non pédans, titrés ou non, qui pourra s'intéresser à ma petite cause) sache à quoi s'en tenir sur la nature de cette *indemnité*, aussi lâchement déniée qu'obstinément poursuivie. La voici clairement indiquée, p. 29 et 30 de mes *Pathémata*, dans une lettre à laquelle M. Lebrun, avec un sentiment ineffable de généreuse quiétude, d'impassible dignité, répondait, le 18 mai 1839 : « J'ai à peine besoin de vous dire que la nature de la lettre que vous m'avez écrite le 3 mars dernier, et l'amertume dont elle était pleine, ne m'ont pas permis d'y répondre. » — Lettre en effet bien *amère*; mais amère seulement de tout le fiel que l'indigne administrateur avait versé dans l'ame du malheureux administré : jugez-nous, lecteur impartial, sur cet échantillon :

« *N. Cirier à M. Lebrun, 3 mars 1839.*

... Faites-moi, monsieur, une place à l'Imprimerie Royale... Chose très facile, car je me contenterai, en attendant mieux, de la dernière, sept ou six francs par jour : mais venez, S. V. P., me dire *que vous me portez réellement de l'intérêt, et que vous désirez me revoir dans votre administration*. Rien que cela, monsieur, et je rentre joyeusement, assez fortement cuirassé, par ma conscience et la possession de votre bienveillante estime, contre les cancans plus ou moins judicieux, plus ou moins charitables. — Ne souriez pas, monsieur, le cas est sérieux : Il s'agit... notamment de rendre, non pas sans doute le pain, mais le calme, mais une sorte de bonheur à mon affligée compagne, et par contre à moi-même; partant, à toute une famille, désolée par... par votre inexpérience. Ne refusez pas cette faible, je ne veux pas dire cette misérable indemnité, à un homme honorable... récemment encore vous l'avez proclamé tel; à un homme qui ne s'exagère pas ce qu'il vaut, mais enfin qui se sent ! — Ne souriez pas, monsieur, et encore quelques instans de votre indulgente attention. Quand M Jardin (employé, qui était tombé d'un étage), par étourderie ou autrement, eut fait une chute si grave, vous eûtes la bonté de l'aller voir... Et moi aussi je suis tombé, tombé il y a déjà 8 pt ans; je me suis blessé, j'ai été horriblement froissé...— Je n'en demeure pas moins, monsieur, votre très humble, etc.— P. S. Je serai chez moi demain dimanche, toute la journée. »

M. Lebrun n'est pas *venu me dire*, etc., pas si bête ! N'était-il pas infiniment trop grand pour accorder même cette misérable *indemnité* à un infiniment petit ?

La même *horreur du vide* qui m'a fait grossir de deux pages (31 et 32) la fin de la présente feuille, me vient conseiller encore de barbouiller ceci, où il n'y avait pas même de folio.

A quoi occuperons-nous donc la page 24 ? que lui donnerons-nous à faire ? —Je prétends qu'elle chante les bienfaits de M. Lebrun, dont ses vieilles sœurs n'ont que trop gazouillé les torts.

Va, répond-elle, obéissante et docile, *va pour*

LES BIENFAITS DE M. LEBRUN.

1° En 1832, n'eus-je point, moi (remarquez que la page blanche obéit en m'inspirant et en me faisant parler), moi cinq-centième, n'eus-je point l'obligation à M. Lebrun, après la Providence, cela va sans dire, d'échapper au monstre asiatique ? Qui ne sait que le bienfaisant, l'inattaquable chlorure, nous fut alors distribué avec une touchante sollicitude, une prodigalité sans exemple, par le digne administrateur; que M. Lebrun, quoi qu'on dise ou qu'on pense, n'a jamais gagné un centime sur cette consolante et exceptionnelle fourniture; ou qu'au moins le chlorure versé par sa main paternelle ne nous parut pas plus cher que celui des autres débitans?

2° ..... Mais si M. Lebrun m'a sauvé la vie, comme j'aime à le proclamer, que puis-je alléguer encore qui ne pâlisse et ne soit trouvé ridicule ?... Ou plutôt, je ne me tais que parce que l'inspiration a cessé, la page en question étant suffisamment remplie.

O navis ! referent in mare te novi
Fluctus ?... O quid agis ?

« MINISTÈRE DE... — DIRECTION DE... — Paris, le 18 mai 1839. — Je vous remercie, Monsieur, de la pièce de vers que vous m'avez dernièrement envoyée. Je n'ai pu la lire qu'avec intérêt, ainsi que j'ai lu ce que vous m'aviez adressé manuscrit. Je vous renvoie votre *Essai sur la Correction typographique*, en vous remerciant de la communication que vous avez bien voulu m'en faire. Quant à la Méthode de l'Enseignement des langues, de M. Marcella, je garde la première partie que vous m'avez fait remettre et vous prie de me considérer comme souscripteur tant pour cette partie que pour celles qui doivent la suivre. — J'ai à peine besoin de vous dire que la nature de la lettre que vous m'avez écrite le 3 mars dernier, et l'amertume dont elle était pleine, ne m'ont pas permis d'y répondre. — Recevez, monsieur, la nouvelle assurance de tous mes sentimens.
                                        ... LEBRUN. »

———

27 mai. « ... ... » BRIT., éd. *Duprat*, p. 98, haut de la 1re col.

Paris, 28 mai, A. D. 1839. — *Sis licet oblitus pariter gemmæque manûsque,*
Exciderit tantùm ne tibi cura mei :
Quam tu vel longi debes convictibus ævi,
Vel mea quòd conjux non aliena tibi est.
                    OVID., *de Ponto*, II, 10.

MONSIEUR,

Un nouvel essai, de ma part, de continuation d'une correspondance qui pèse encore plus à moi qu'à vous, ce nouvel essai par la voie ordinaire m'eût sans doute plus mal réussi que jamais. La *nature* de mes réclamations, l'*amertume* de mes plaintes, ne vous ont point, écrivez-vous, *permis de répondre* à ma lettre du 3 mars. Je suppose que cette fois je n'eusse pas été lu, ma supplique ne devant pas, comme dernièrement, passer sans intermédiaire de mes mains dans les vôtres, être instamment recommandée par moi à votre indulgente attention, et accueillie par vous avec bonté. Peut-être même, aussi malheureux que ce pauvre lord Napier dans ses dernières relations avec le 國 中, j'aurais vu ma lettre repoussée à la porte, *parce que c'est une* LETTRE *et non une* PÉTITION. (*Journ. as.* 1836, janvier : « Il est défendu aux ministres de l'empire céleste d'entrer en correspondance privée avec les barbares.... »)

L'expédient auquel j'ai recours, expédient qui n'est point de la publicité, pourra, je l'espère, me sauver une fois du pénible inconvénient de n'être point entendu de la seule personne dont l'attention importe à l'*envoyeur* (terme d'administration que j'ai appris dans la vôtre, monsieur, avant la vôtre).

Quand vous me fûtes présenté (car vous m'avez été présenté, monsieur), quand vous vîntes dans mon cabinet accompagné de l'honorable M. R., qui fut toujours pour moi si plein de bienveillance, l'accueil que je vous fis fut ce qu'il devait être : respectueux avec empressement, mais sans bassesse. Eh! comment n'aurais-je pas témoigné en cette occasion, notamment par mon attitude, de ces égards nécessaires d'un *subordonné*, moi qui ne m'en dispensai jamais vis-à-vis du regrettable chef de la typographie, et qui peut-être serai taxé de n'en avoir pas été assez sobre pour quelques chefs tertiaires... Ce n'est

pas moi qui ai pensé à élever la question « si ceux-
ci étaient réellement les miens » ; j'ai appris depuis peu
qu'elle a été résolue par vous-même, monsieur, à *notre*
avantage... si toutefois il y a quelque avantage dans cette
indépendance telle quelle.

Lorsque **M. R.** m'eut montré en vous, monsieur, son
nouveau chef et le mien, et celui de tout l'Établissement,
je fus à peine (funeste présage de la désespérante insouciance dont l'année 1832 me réservait deux horribles
gages !) je fus à peine honoré d'un de vos regards ; votre
lorgnon se dirigea sur mes livres..... **Pas un mot**, autant
qu'il m'en souvienne... Et cependant, qu'avait à craindre
la double qualité de **M. L.**, en quoi eût été compromise la
dignité de l'*administrateur-académicien* adressant à son
administré, *lettré* aussi (car tout correcteur est censé
l'être), quelques paroles d'intérêt, d'encouragement... ou
plutôt, pourquoi pas une petite protestation de dévouement, pour votre part *, à la cause commune, l'honneur et

---

* Quant à moi, je n'ai jamais cessé de porter intérêt à l'I. R. ; témoin
ces vœux, postérieurs à mes plus cruels désappointemens et relatifs aux
deux lettres I, R, entortillées, garottées, qui sont depuis quelques années la *marque* des éditions de ce célèbre atelier. Me représentant dans I
une grande **INDUSTRIE** personnifiée, et dans R le **POUVOIR** royal, père
et protecteur, depuis François 1er (opinion commune), de cette docte industrie, accusée de monopole à mon grand regret, j'écrivais en 1834 :

Aspicis ut duplex coalescit littera in unam,
Ut pedibusque pedes, et cornua cornibus hærent ?
Insuper et τῷ Pῶ loris aptatur Ἰῶτα,
Constrictum paribus nodis et Ἰῶτα tenet Pῶ.
Ambobus consortis amor. Concordia utrique
Non miranda : patri solers consentit Ἰῶτα,
Progeniem justo sectatur amore potens Pῶ.
Pῶ semper vivat ! vivat quoque semper Ἰῶτα !

En 1828 je commençai à aimer d'un amour de reconnaissance le bel
Établissement qui, en m'accueillant, avait notablement amélioré ma si-

la prospérité de l'I. R. ; de dévouement, nommément aux intérêts , au bien-être de ceux de ses *ouvriers* que l'instruction rapproche de l'homme de lettres, de ceux dont, parlant à moi ; un employé-chiffreur de l'Établissement a eu l'extrême bonté, a eu la modestie de dire qu'ils en sont les *véritables notabilités ?* Est-ce donc, monsieur, qu'il ne s'agissait pour vous à ce moment que de recevoir en silence une espèce de culte ?... adorations nécessairement muettes : votre bouche qui ne s'ouvrit point condamnait la mienne au repos.

On vient de me dire que , si j'avais connu le monde, je n'eusse point, en juillet 1832, renfermé dans un timide et perplexe silence l'espoir de succéder, par rang d'ancienneté ou autrement, à M. Beaufils : je devais, dit-on , vous adresser une *demande*, monsieur, et au besoin *demander* le concours * ... Que je ne connaisse point, ou que je n'aie point connu le monde, je préfère le tort de cette ignorance au mérite d'une certaine audace , qui d'ailleurs n'est pas

tuation, et j'ose dire que , en juillet 1832, j'aurais vu avec une espèce de satisfaction entrer à l'I. R. l'homme qu'un concours eût proclamé encore... oui , encore plus capable que moi de lui faire honneur. A l'appui de cette assertion , voir, p. ה de mes Παθήματε, *mon sincère compliment à* א *sur sa précellence.*

* *Concours.*—En 1828 (*Monit. du 27 oct.*), dix-neuf correcteurs n'ont pas regardé comme au-dessous d'eux ce moyen d'arriver à un emploi. Il s'en est trouvé un qui en a jugé autrement, et qui a osé le dire, et à qui ?... c'est ce qui me passe. Mais ce que je conçois très bien, c'est que א ait laissé venir, ait attendu une occasion, sinon plus glorieuse , au moins plus sûre , plus commode , et surtout plus fructueuse :

A de plus hauts partis Rodrigue *a dû* prétendre :

Ἀλλ᾽ οὐχὶ φρίσσεις, οὐδ᾽ ἐπιτρέμεις θρόνους,
Μὴ βοὺς ἐλαύνῃς κρείσσονας βοηλάτου;

Grég. de Naz. , *Mémoires autobiographiques.*

toujours heureuse : témoin ⊐ , qui avait su, lui, formuler une demande. Je pourrais dire entre autres choses, pour ma *justification*, que je répugnais à réclamer la dépouille toute chaude d'un collègue.

Aujourd'hui, monsieur, qu'il y ait vacance ou non, possibilité ou non de créer l'emploi le plus infime, j'ose pourtant mettre sous vos yeux le tableau fidèle de ma situation, vous offrir ci-après tout le détail de mes désirs, de mes espérances, de mes dispositions, et je me permets de vous demander si vous pourrez, si vous voudrez faire ou essayer quelque chose en faveur d'un homme qui se croit digne de quelque intérêt, et qui voudrait reconnaître à des effets que vous voulez bien lui en porter :

> *Non sumus indigni, nec (si vis vera fateri)*
> *Debetur meritis gratia nulla meis.* Id. ibid.
>
> Ἐν ἀσφαλείᾳ τὰς βραχείας ἡμέρας
> Θέσθαι, τὸ γῆρας δ' ἐν καλῷ στῆσαι τέλει.
> Id. ibid.

Mon épigraphe voilée , ces trois mots si énergiques du tendre Racine, ne sont là que pour mémoire d'un rêve affreux qui me faisait dire ceci encore : « Tout n'est pas dit : il faut essayer de déconcerter cette désolante impassibilité ; il faut, une dernière fois, mais plus haut, plus amèrement que jamais, me plaindre de sept années déjà de ma vie cruellement *empoisonnées*, etc. » Et puis, Horace me soufflait ces mots :

> *Nec quisquam noceat cupido mihi pacis : at ille*
> *Qui me commôrit (melius non tangere, clamo)*
> *Flebit, et insignis totâ cantabitur urbe.*

Et puis mon christianisme tel quel , corroboré d'un reste de cautèle, venait à la traverse et désarçonnait cette équivoque vendetta, etc. Ce rêve, quoiqu'il ait duré bien

long-temps, n'est qu'un rêve, monsieur; peut-être il vous
est réservé d'en effacer la pénible impression , et alors il
me serait doux de me dire

Votre très humble et reconnaissant
serviteur,

CIRIER.

« Mardi, 7 mai, A. D. 1839.

Mon cher Laurent , vous allez trouver que c'est reconnaître bien
mal, surtout après une aussi longue lettre que ma dernière, le bon
office de votre amicale , empressée et longue visite , que de vous décocher tout aussitôt une seconde missive. Mais ayez la bonté de ne
point appeler cela de l'épistolomanie, d'autant plus que j'ai eu le courage d'attendre à aujourd'hui : car dès hier déjà j'étais tourmenté du
besoin, non pas d'écrire, ni une lettre ni autre chose (Je suis excédé,
supersaturé de ce noble exercice, qui n'est pas aussi facile à ma main
capricieuse qu'on pourrait le croire, et c'est une des choses qui me
font regretter vivement de n'être plus purement et simplement correcteur) ; j'étais tourmenté du besoin de vous écrire, c'est-à-dire
de m'ouvrir à vous, de vous parler d'*amitié*, etc. *

Mon cœur, vraiment, mon cœur aimant a besoin d'un ami, d'un
ami en titre : j'imagine qu'en dépit de deux sortes de dissentimens **,

---

* Voyez, si bon vous semble , le petit livre ci-joint , *de l'Amitié*, que
m'a envoyé , en retour de mon *hymne*, son auteur M. Roze, compositeur
très distingué dont j'avais fait la connaissance chez M. Crapelet, et qui
m'avait mis dans le cas, vu son goût, bien connu, pour l'étude, de lui offrir
bénévolement quelques leçons de latin.

** Est-ce que ces dissentimens ou plutôt cette discordance d'opinions,
que d'ailleurs le temps effacera peut-être, ne sont pas abondamment com-
pensés par un accord bien autrement important, l'*accord des sentimens*,

résultat forcé de notre éducation respective, dissentimens dont vous avez pu vous exagérer l'importance, et dont l'un vous fit parler un jour d'*infranchissable barrière;* j'imagine que rien ne s'oppose sérieusement à ce qu'il y ait entre nous deux amitié dans la plus douce acception du mot; amitié, c'est-à-dire quelque chose de mieux qu'une liaison amicale, que d'agréables rapports de confrère à confrère, etc. Au reste, je sais fort bien que cette aimable et précieuse disposition d'autrui à notre égard ne s'arrache pas, comme un service par exemple; je sais qu'il ne me suffirait pas de mériter l'amitié de quelqu'un et de protester sincèrement de la mienne, pour prétendre légitimement à un retour de sa part, et surtout à des démonstrations pareilles: il faut savoir attendre. Acceptez donc, mon cher Laurent, sans vous mettre aucunement en peine du retour, acceptez, souffrez ces avances, certainement bien sincères, c'est tout ce que je demande, tout ce que je désire pour le moment.

Vous n'avez point été indiscret, je le répète, vous n'avez point été indiscret dimanche en témoignant le désir de connaître la *communication de quelque importance*, et je pourrais me dispenser de vous rappeler la seule raison de me taire que j'aie produite. Au reste, ma femme, qu'à mon grand regret j'ai cru ne devoir pas informer complétement, ma femme en sait plus long que vous à ce sujet: elle a lu le commencement de la lettre en question; mais à sa prière, j'ai tardé, et tardé beaucoup à l'envoyer à son adresse: j'ai vu ou cru voir une addition utile à faire à cette lettre; par suite j'ai formé un dessein, et delà, delà seulement, l'épithète d'*importante* dont j'ai honoré ladite *communication*, en l'annonçant à M. L.....

la *sympathie* que nous nous sommes reconnue en plus d'une occasion; rappelez-vous la succession...

    Nescio quid: certè est quod te mihi temperat astrum.   Pers. V.

Précieuse sympathie, puisqu'elle a pour objet le bien de l'humanité..... Je suis confus de n'avoir osé dire *philanthropie*... Parce qu'on a pu abuser de ce grand et excellent mot; parce qu'il a été décrié par des gens très peu philanthropes sans doute, faut-il le proscrire?... Je crois, mon cher Laurent, que nous sommes parens, parens comme l'entendait l'auteur de cette belle métaphore: *un parentesco de los coraçones.*

Dans mon intérêt, dans celui de ma compagne, vous voudriez nous persuader, à elle surtout, qu'il ne faut point penser à rentrer à l'I. R. : je vous conçois d'autant mieux, que je vous ai fait lire l'espèce de rétractation par laquelle j'ai déclaré mes prétentions, ni trop hautes, ni trop basses. Mais, supposé que j'aie reconnu depuis, n'importe comment, que je pourrais accepter, provisoirement ou non, même la *sentine**, vous ne me cacherez pas, j'en suis bien sûr, votre peu d'espoir que je puisse me tenir à cette place, je ne dis pas le restant de mes jours, mais même pendant quelques années. J'avoue que si, en pensant autrement que vous à cet égard, j'avais le malheur de me tromper, ce serait bien là le plus grand de tous mes, de tous nos malheurs. Rentrer à l'I. R. pour en ressortir au bout de six mois ou même de deux ou trois ans.... ah ! pour le coup je serais bien à plaindre : bafoué au dedans par tout ce qu'on y compte de sujets charitables et judicieux, déconsidéré au dehors dans l'esprit de toute la typographie parisienne, et surtout de mes connaissances (et en particulier de ce bon M. Dubeux, qui, l'autre jour, après m'avoir assuré que le travail du Catalogue pouvait durer huit ans, me disait : « Vous voilà avec nous... vous êtes de nos bons...
» M. Magnin et M. Lenormant sont très bien disposés pour vous...
» j'espère que vous ne nous quitterez plus... C'est seulement à pré-
» sent que je peux vous pardonner votre démission... Il est vrai que
» vous avez cela de bon, c'est que vous gagnez à être connu. — Je
» suis très inoffensif...—Oh!..reprit M. Dubeux...» Il semblait vouloir dire qu'il y avait en moi quelque chose de mieux que cette qualité négative, et pardon d'avoir rapporté si complétement ce court entretien) ; bafoué, dis-je, déconsidéré, décrédité peut-être, oh oui ! je serais bien à plaindre. Et croirez-vous, mon cher Laurent, que, si je suis à même de faire ce pas de rentrée, que si je franchis cette barrière, très ardue, j'en conviens, je n'aurai pas fait assez bonne

---

* « ... J'ai à cœur de repousser bien loin un soupçon odieux ; je me hâte de déclarer, si cela est nécessaire, que le mépris, la hauteur, dont la fàcheuse métaphore du dernier mot de ma citation pourrait éveiller l'idée, sont infiniment éloignés de mes principes et de mon caractère, surtout quand il s'agit des occupations et de la personne de qui que ce soit de mes ὁμότεχνοι. »

Lettre à M. le Directeur de l'I. R., 17 *fév.* 1839.

provision de philosophie, de raison, de patience, de résignation, de tout ce qu'il faudra pour me tenir désormais, pour me tenir toujours à cette même place, devenue nouvelle sous plus d'un rapport, pour m'acquitter de mon emploi quelconque à la satisfaction des chefs ? — Le désir persévérant de ma compagne de me voir rentrer au bercail, aura été pour beaucoup, en raison d'une affection conjugale, dont je ne tire pas vanité, mais que je ne veux pas qu'on nie, aura été pour beaucoup dans l'espèce d'opiniâtreté que je montre aujourd'hui à vouloir rentrer en effet : et croyez-vous que je ne saurai pas m'arranger de manière à assurer à toujours à ma femme la douce satisfaction de cette sécurité qu'elle a tant regretté, pour laquelle elle a tant soupiré? que je ne saurai pas me faire pardonner le tort très involontaire des chagrins dont mon intolérable situation fut pour elle l'occasion, dès avant ma démission ? que je ne saurai pas faire pour cela tous les sacrifices nécessaires, sacrifices d'amour-propre ou autres ?

Il n'y aura plus lieu pour moi à ce dont je parle dans la lettre dont ma femme a vu le commencement, et qui ne s'est trouvée allongée que par suite de mon accession à son désir, il n'y aura plus lieu à ces « petites résistances étudiées, sans importance aucune pour le bien du service; protestations muettes d'une âme ulcérée, réclamations tacites d'un loyal serviteur désespéré. » Je ferai mon devoir tout comme chacun de mes nouveaux collègues, et je me garderai bien de me prévaloir de telle ou telle licence d'un favori, supposé qu'il y eût favori et licence.

Probablement, je n'affectionnerai qu'un seul de ces collègues, malgré la chaude et inopinée réclamation de tel; je n'aurai, mon cher Laurent, si tant est que nous puissions, que nous devions arriver là, je n'aurai d'intimité qu'avec un seul; mais je serai bien malheureux si je ne parviens pas, grâce à mon nouveau système de bienveillance universelle, mais désormais plus circonspecte, à être jugé par mes autres confrères aussi inoffensif que je prétends l'être, à être assez bien vu d'eux et de tout le monde.

Veuillez, mon cher Laurent, me garder soigneusement cette lettre, quand ce ne serait que pour me mettre à même de la consulter au besoin, afin de me rappeler, s'il était nécessaire, ce que se propose

Votre dévoué
CIRIER.

7 mai 1839.

17 mai. *Nescio quâ natale solum dulcedine cunctos*
Ducit, et immemores non sinit esse sui.

A tous les cœurs bien nés que la patrie est chère !

C'est à l'excellent M. Dubeux encore qu'il faut s'en prendre de ce distique et de sa traduction. Il semble qu'il voudrait, à force de bienveillance, me faire oublier ma patrie, l'I. R. *Hâc ego*, typo-graphiquement parlant,

Hâc ego sum terrâ (patriæ nec pœnitet) ortus.

Il vient de m'adresser de nouvelles paroles, encore plus encoura-geantes. « Après cela, m'a-t-il dit, j'espère que nous pourrons vous procurer quelque chose de mieux. » A M. Dubeux, je ne puis ré-pondre que par de la reconnaissance : à vous, mon cher Laurent, je peux et je dois m'ouvrir de ce que je trouve de défectueux dans les espérances qui me sont offertes ; à vous, j'ose dire, quoi que vous disiez vous-même, que cet *exil*, avec ses avantages, d'ailleurs assez bornés, avec la bienveillance qui s'applique à me le faire aimer, que cet exil ne me console point du séjour où mon cœur a pris racine.

Si je parle de mon peu d'espoir, malgré les bontés de M. Dubeux, de pouvoir être jamais employé à autre chose qu'au travail du Cata-logue, d'autant plus que, instruit par une si cruelle expérience, je ne voudrais point d'une place à laquelle un autre aurait notoirement plus de droits ; vous objecterez que malheureusement, que peut-être je suis désormais vis-à-vis de l'I. R. dans la même situation.... Et si vous aviez vu ma citation, en certain lieu, d'un vers de l'*Ulysse* de M. L., vous me diriez en gémissant, que ce vers ne m'est que trop applicable :

Je suis un *étranger* qui demande un asile.

Moi je riposte que l'*étranger* qu'on fait ainsi parler n'est autre qu'Ulysse revenu dans Ithaque.

J'aurais beaucoup à dire en faveur de ce persévérant désir, qui peut vous étonner autant qu'il vous embarrasse peut-être :

Sic te propositi nondùm pudet, atque eadem est mens,
Ut bona summa putes, regali vivere quadrâ ?

Vous ajoutez : « Eh ! pourquoi donc vous-même avez-vous détruit, empêché il y a trois mois ce qu'on avait fait, ce qu'on pouvait faire pour vous? — Et moi je réplique.... Mais non ; il me tarde autant qu'à vous de voir finir cette confidence. »

Il faut pourtant que je parle de ce qui me revient, de ce que j'ai sur le cœur. Je suis *difficile à vivre*. Ce n'est pas vous, sans doute, qui croyez à cette absurde et inhumaine inculpation, que vous me montrez dans la bouche, notamment de M. A. R. Son respectable père savait mieux me rendre justice, et je ne conçois pas comment le fils, s'il n'a point hérité de sa bienveillance à mon égard, n'a pas su au moins se montrer neutre. Lorsqu'il était encore à mon niveau, lorsque je fus à même de remarquer M. A. R. pour la première fois, je ne démentis point à son égard mes habitudes de prévenante politesse. Lui, qui paraissait en avoir de toutes contraires, me rendit assez pénible dans ces premières rencontres l'exercice de la civilité, la pratique de ces devoirs de bienséance ; j'en fus pour mes avances. Mais je dois dire, à la décharge plutôt qu'à la louange de M. R. fils, que quand il a eu à représenter son père, malade ou mort, il s'est montré autre ; à ma grande satisfaction, à moi, qui ne demandais pas mieux que de voir la fin de ces apparentes petites hostilités, si inconcevables, si peu méritées.

Il m'importe, mon cher Laurent, dans les dispositions où vous me voyez, il m'importe que M. A. R. me rende justice, me connaisse. Pour me trouver très peu *difficile à vivre*, il n'aurait qu'à se rappeler mes procédés, mes courageux procédés à son égard ; et je regrette que vous, vous ne m'ayez pas dit que vous avez réfuté l'étrange imputation que vous m'avez rapportée.

Prenez patience : quelque chose me revient à la mémoire, et il m'importe également de vous en toucher un mot. « Mais la correction l'ennuie? » dit, en 1837, M. L. à quelqu'un qui implorait à mon insu ma rentrée (et ce quelqu'un, qui n'avait chance de réussir qu'en me cachant sa démarche, à laquelle je n'aurais point consenti, ce quelqu'un n'avait certes pas besoin, comme un quelqu'un pareil d'Ovide, de s'entendre dire par moi :

Pectore te toto, cunctisque incumbere nervis,
   Et niti pro me nocte dieque decet.
Utque juvent alii, tu debes vincere amicos,
   Uxor, et ad partes prima venire tuas)...

Après ces parenthèses inspirées et remplies par Ovide, Ovide encore répondra à l'objection de M. L. :

> *Sœpè piget (quid enim dubitem tibi vera fateri?)*
> *Corrigere, et longi ferre laboris onus.*

Et ailleurs :

> *Scilicet est cupidus studiorum quisque suorum ;*
> *Tempus et assueta ponere in arte libet.*

Fatigue ou non, ennui ou non, pour vous et pour moi, et quand
je devrais me mettre en apparente contradiction avec moi-même,
qui ai tant dit et même écrit que la correction est un dur métier *,
il faut encore que je déclare, que je proclame que c'est pourtant le
seul qui me convienne, qui m'agrée. De toutes les façons d'homme
de lettres, c'est peut-être la seule qui aille à ma taille, et je ne vise à
rien de plus. Vous ririez sans doute, mon cher Laurent, si je vous
disais que je n'aspire qu'à me reposer dans la correction. Riez, mais
comprenez-moi. Je suis fatigué, harassé, dégoûté même, de l'étude
en général, non pas seulement de ces arides études que vous savez,
et suivies avec une ardeur que moi-même je ne comprends pas, vu
le peu d'encouragement qu'elles obtenaient ; études dont je douterais
si je n'en avais sous les yeux des témoins nombreux, de copieux résumés ; oui, je suis las d'étudier, et comme vous, je n'aspire qu'à
faire valoir ** modestement mon acquit tel quel, sans me mettre aucunement en frais, je ne dis pas pour le compléter, mais pour le

---

* Pas toujours ; témoin *Erasm.* FRANCISCI, dont il est dit dans le
Theatrum Correctorum eruditorum de Zeltner : *Quo labore victum
sibi vir diligentissimus largum faciebat... Undè, et quamvis func-
tiones variæ satis splendidæ ab aliquot Imperii Germ. proceribus
offerrentur, vitæ tamen genus quod hactenùs vixerat, quietum tran-
quillitatisque plenissimum... sponte retinuit.*

** En relisant ceci, j'appréhende, moi si chanceux, que, si cette page
venait à tomber en d'autres mains, on ne glosât sur cette expression *faire
valoir.* L'adverbe *modestement* dont elle s'accompagne devrait pourtant,
ce semble, m'affranchir de cette crainte et me dispenser d'un *glos-
sema* : car qui est-ce qui pourrait voir ici *faire mousser ?* au lieu de
exploiter, et quelque chose de plus légitime, de plus modeste encore :
user de, me servir de, etc. Mais je le répète, je suis si chanceux ! J'ai
donc voulu dire *faire valoir mon acquit de correcteur,* comme un save-

grossir le moins du monde, à moins d'une *commande*. En un mot,
je me sens *machine à correction*, pouvant fonctionner assez régulièrement, et capable peut-être encore d'un bon et long service. Ce
facile, cet obscur, cet ignoble * labeur, sourit à ma paresse d'aujourd'hui, ou, si vous voulez, à mon besoin de repos, à mon ennui
des lettres, de la profession d'homme de lettres (cette qualification,
qui ne m'a jamais souri, et que j'ai repoussée quelquefois, il faut bien
me résigner à l'accepter, aujourd'hui qu'elle pleut sur moi; et parce
qu'enfin, si je ne suis pas, si je ne redeviens pas correcteur, il faut
que je sois quelque chose), profession d'homme de lettres, dis-je,
qu'il faudrait pouvoir honorer, pouvoir exercer avec un avantage
marqué..... J'ai parlé de paresse.... ai-je besoin de répéter : *comprenez-moi*, et de vous dire que je serais aussi zélé, aussi assidu,

tier peut *faire valoir son acquit de savetier*. Et si je dis *savetier* plutôt
que *menuisier*, etc., c'est bien moins pour ravaler notre honorable profession, que pour relever la profession, tout aussi estimable et pour le
moins aussi utile, de savetier, et, en général, ce qu'il y a de moins considéré en fait de professions honnêtes et utiles.

Encore une remarque apologétique à propos de ce *faire valoir*, remarque à l'usage de ceux qui liront ou auront lu, dans la liste de sous-
cripteurs en tête des *Racines grecques* de M. MARCELLA : *M. Cérier,
helléniste.* Certes; je peux bien me laver les mains du second de ces *errata*, qu'il m'a été aussi impossible de prévenir que de corriger. D'abord,
je n'étais pas plus curieux qu'un autre de voir figurer mon nom sur cette
liste; en second lieu, j'ai toujours dit à qui voulait l'entendre, et me
mettait dans le cas de le confesser, et à M. Marcella tout le premier,
que je n'ai pas l'honneur d'être *helléniste*. Je l'ai dit, je l'ai écrit, notamment sur l'exemplaire *offert par l'auteur à M. C., philologue et
helléniste.* Écrit en dessous, de ma main à moi : « Amateur, philologue,
soit : mais helléniste.... oh non ! »

* « M. Dübner, savant dont l'Allemagne apprécie l'érudition, a bien
» voulu me seconder pour la correction des épreuves : il a relevé cette
» tâche, sans doute bien indigne de lui... » (Préf. du *Thesaurus linguæ
poeticæ*.) M. Quicherat est trop judicieux, trop bon pour mépriser la correction et les correcteurs : mais, entre autres contempteurs, le grand
Scaliger, qui a la bêtise de reprocher à Érasme d'avoir été correcteur
chez Alde! et l'illustre Érasme qui a le sot orgueil de s'en défendre! Au
reste je ne réponds de rien; je ne parle de ce petit procès que sur ouï-
dire : je n'ai pas encore vu les pièces.

aussi exact que vous, mon cher Laurent : c'est dire assez, c'est dire beaucoup.

> J'abuse, cher ami, de ton trop d'amitié ;
> Mais pardonne à des maux dont toi seul as pitié.

Je peux bien encore emprunter à Oreste le vers suivant :

> Assez et trop long-temps mon amitié t'accable...

mais ajouterai-je :

> Évite un malheureux, abandonne un coupable....

Non certes.

N. B. Ces dernières pages (10–14), datées du 17, à cause du fait qui les commence, ont été écrites après les suivantes (14–17), datées du 20.

Lundi, 20 mai, A. D. 1839.

Prenez garde, mon cher Laurent ! n'allez pas accepter étourdiment cette belle qualité d'ami... que je vous propose, vous le savez, à charge d'un retour bien sincère, bien complet. Prenez garde à vous ! la complaisance, l'obligeance dont vous feriez preuve dès aujourd'hui en accueillant avec bonté toutes mes confidences, pourraient bien être le prélude, l'apprentissage d'un futur dévouement. Rassurez-vous, toutefois, et ne vous offensez point de cette invitation à vous rassurer : rassurez-vous, cette prévision de dévouement est aussi vague qu'il soit possible. Mais ce qui est positif et actuel, c'est la fatigue que ma confiante amitié impose à la vôtre, par cette suite donnée à ma lettre du 7 mai ; fatigue que vous accepterez de bonne grâce, j'en suis bien sûr : vous ne voudrez point me frustrer des consolations dont j'ai fondé sur vous l'espoir, moi si peu heureux, et qui n'en ai pas moins applaudi en toute sincérité à vos succès *.

* Si Laurent avait pu douter de la sincérité de ces félicitations (en 1837, quand il fut augmenté de 500 fr. ; en 1838, après qu'il eut été nommé correcteur de 1re classe, aux appointemens de 3500 fr., etc.) ; si, dis-je,

Mes premières pages déjà ne vous permettront pas de douter que je n'aspire à rentrer à l'I. R., et quand je vous aurai dit que ma compagne, qui a pu très légitimement désirer cette rentrée, semble n'y plus tenir aujourd'hui et m'engage affectueusement à ne me point tourmenter pour la procurer, vous vous affligerez, dans mon intérêt, de voir les rôles intervertis, vous qui, dans notre dernière entrevue, vous montriez soucieux des moyens de dissuader ma femme, de la détacher d'un espoir, d'un dessein qui vous paraissait, qui vous paraît sans doute encore peu raisonnable.

Si moi, à mon tour, je suis rentré dans cet espoir, revenu à ce dessein, il semble que je ne doive et ne puisse plus vous faire un secret de mes vues, de mes moyens, ou plutôt de mon plan... Ah ! mon cher Laurent, si ces moyens, si ce plan étaient moins scabreux, moins critiques, moins violens, sans doute j'aurais eu moins de répugnance à en faire la confidence à ma femme. Oh ! de combien d'anxiétés, surtout au moment de son exécution, ce plan a été pour moi la source ! Et encore en ce moment je lui suis redevable d'une pénible perplexité : il est cause que je me reproche de n'être point homme de résolution. Certainement, j'ai fait quelque chose déjà pour la procurer l'exécution de ce dessein, peut-être périlleux : j'ai échoué deux fois ; mais il n'était pas probable qu'une troisième ou quatrième tentative eût été sans succès..... *Succès?* Peut-être direz-vous, et d'autres avec vous, que je dois bénir le non-succès, et m'inquiéter peu du renom d'homme de résolution.

Laurent avait pu révoquer en doute la sincérité de mes félicitations, malgré le douloureux retour sur moi-même qui s'y mêlait nécessairement, je lui aurais dit ce qui se passa dans mon âme en octobre 1828, le jour que, une seconde fois rassemblés sans nous connaître, nous attendions, en compagnie de dix-sept confrères, l'annonce du résultat du concours. Il est bien vrai qu'alors aussi j'éprouvai un sentiment pénible, d'une tout autre nature sans doute. L'enivrement du succès ne m'empêcha pas de plaindre bien sincèrement mes antagonistes tant soit peu moins heureux : je sentis de la peine en les voyant se retirer tous, et me laisser seul avec les juges du concours, qui me félicitaient de ce petit triomphe, qui m'exhortaient à m'évertuer pour mériter un nouveau succès dans un nouveau combat, etc.; avec M. de Villebois, l'administrateur d'alors, qui avait commencé par me dire : « Monsieur Cirier, voilà que vous faites partie de l'administration. » (*Note de l'éditeur.*)

Vous comprendrez que, si j'eusse persévéré obstinément dans ce dessein, il eût été de toute convenance que vous l'ignorassiez ; cette confidence eût pu vous compromettre, au moins vous gêner beaucoup ; je pense que d'ailleurs elle vous eût été pénible, en vous inspirant des craintes à mon égard. Quand moi-même je n'avais mis qu'une confiance bien limitée dans ces moyens violens, vous, vous n'y auriez vu que matière à de nouvelles *tribulations.* A présent que, rebuté par deux échecs, j'ai renoncé à mon plan, quelle raison peut me faire hésiter à vous le découvrir ?... Une mauvaise honte sans doute, la crainte d'être trouvé extravagant ? Ne direz-vous pas que je connais bien mal les hommes, et surtout les hommes en place, *genus irritabile...* plus encore que *vatum ?* Ou bien direz-vous qu'il y a donc en moi-même une susceptibilité inouïe, un amour-propre immense, forcené, puisque j'ai pu risquer pour une satisfaction, stérile en apparence, d'aussi graves intérêts ?...... Pensez, mon cher Laurent, pensez tout ce que vous voudrez : il me suffit que rien de tout cela ne doive refroidir l'attachement que vous me portez, ni diminuer la mesure d'estime à laquelle je dois prétendre, prétendant à la qualité de votre ami. Pensez, dis-je, de mon dessein avorté, tout ce qu'il vous plaira ; mais veuillez croire aussi que j'en avais senti toutes les conséquences, mesuré toute la portée ; et si par cette observation je suis atteint et convaincu de témérité pour le moins, elle me soulage un peu sous le rapport du défaut de résolution.

Je ne vous permets pas encore de briser le cachet, d'ouvrir cette boîte de Pandore qui ne contient pas même l'espérance, une espérance quelque peu positive : il m'en faut une pourtant, car je ne me résigne pas encore à renoncer à mon dessein... de rentrer. Oui, il me faut une espérance, et je la mets dans votre amicale médiation : médiation prudente, persévérante... dévouée... je ne vous ferai pas l'injure de croire que ce soit trop demander, trop attendre de vous :

Tu tamen, ò nobis usu junctissime longo,
Pars desiderii maxima penè mei,
Sis memor, et si quas fecit tibi gratia vires,
Illas pro nobis experiare rogo :
Numinis ut læsi fiat mansuetior ira,
Mutatoque minor sit mea pœna loco.

Mais ne voilà-t-il pas que cette médiation, si vous l'acceptez, que vous acceptez, vous impose la réserve de ne point ouvrir ce mystérieux paquet : c'est un holocauste à mettre à la disposition de la personne qui a donné lieu à cet écrit. Un *holocauste*, entendez-vous ? mais ce n'est point par vos mains que cette *combustion complète* doit être faite. Quant à moi, de mon côté, j'anéantirai de grand cœur tous brouillons, etc. pouvant perpétuer de fâcheux souvenirs.

Ce sacrifice serait-il, paraîtrait-il si peu de chose, que je n'obtinsse pas en retour *l'assurance*, donnée n'importe comment, *qu'on me porte de l'intérêt*, etc. ?

Ce n'est qu'à regret, mon cher Laurent, que je vous livre des énigmes... mais peut-être il n'y a point d'inconvénient à ce que je vous donne une idée de mon plan tel quel, et du manuscrit qui en était la base....

22 mai. — Inconvénient ou non, je me tais, je m'arrête, respirons ! »

Imprimerie de BOULÉ et Comp., 3, rue Coq-Héron.

IV.

. . . . *Depromunt tela pharetris.* — VIRG.

. . . . . . *"Εχων βιὸν ἠδὲ φαρέτρην*
ἰῶν ἐμπλείην· ταχέας δ'ἐκχεύατ' ὀϊστοὺς
αὐτοῦ πρόσθε ποδῶν.
Εἴσομαι αἴκε τύχοιμι, πόρῃ δέ μοι εὖχος Ἀπόλλων.

Odyss., XXII, 2, 7.

De son vaste carquois sur la terre versées,
il avait à ses pieds ses flèches entassées;
et contre une colonne appuyé fièrement,
terrible et tel qu'un dieu *lançait le châtiment...*

Ulysse, trag. de M. LEBRUN (de l'Inst.).

Cette belle, cette heureuse expression, *lançait le châtiment*, m'avait frappé à la première lecture (en mars 1839) dans l'exemplaire dont je devais la communication à la gracieuse obligeance de l'auteur (1). Preuve que cette expression m'avait plu, c'est que je la trouve soulignée dans la transcription que je fis alors des plus beaux endroits du poète administrateur. J'ai cru devoir la souligner encore aujourd'hui, pour en signaler le mérite à la judicieuse attention de mes lecteurs.

Ci-après les *pointes* (épigraphes : voir la note de la p. 10), les pointes de mes neuf ou dix autres matras.

Cet usage de tirer l'oiseau est, à ce qu'il paraît, bien ancien déjà. Voyez, sans vous donner la peine de scruter plus avant, voyez Virgile, *Enéide*, livre V, vers 485 :

Protinùs Æneas celeri certare sagittâ
invitat qui fortè velint......

Le héros cependant du vaisseau de *Sergeste*
dresse un énorme mât, et des prix sont offerts
au guerrier dont la flèche atteindra dans les airs
une blanche colombe au sommet suspendue. — GASTON.

Voilà sans doute un divertissement bien cruel; mais quel est donc le misérable qui a imaginé quelque chose de plus barbare encore : marcher, les yeux

---

(1) M. Lebrun paraît tenir beaucoup à ses œuvres, administratives et autres : témoin le reçu qu'il exigea de moi en me confiant le volume de ses MISCELLANEA (le *Retour du Lys*, — *Ode à un dindon*, — *Ode à un bachot*, — le *Bonheur d'avoir étudié*, etc.). Moi aussi je tiens à mes œuvres, n'importe quelles. C'est pourquoi je vais, *ad perpetuam rei memoriam*, reproduire ici, comme j'ai fait pour l'*OEil typographique* (p. 13), l'*affiche* de mon second pamphlet.

T.S.V.P.

bandés et un bâton à la main, contre une pauvre oie, vivante et pendante; et les stupides spectateurs

(.... *et ingenti sonuerunt omnia plausu.*)

de rire et de jubiler, aussi bien quand le bâton a porté sur la victime que quand il a frappé à côté. Si jamais j'ai l'honneur d'être maire d'un village, on n'y verrait pas long-temps cette abomination de la désolation.

Mais parlez-moi d'un *pigeon de ferblanc* au bout d'une perche, comme cela se pratiquait, dans mon jeune temps, à la Courtille.... de Reims. Vive un

L'APPRENTI F ADMINISTRATEUR

PAMPHLET PITTORESQUE, LITTÉRARIO-TYPOGRAPHICO-BUREAUCRATIQUE,

POUVANT INTÉRESSER TOUTE PERSONNE

EMPLOYÉE,
EMPLOYABLE,
EX-EMPLOYÉE.

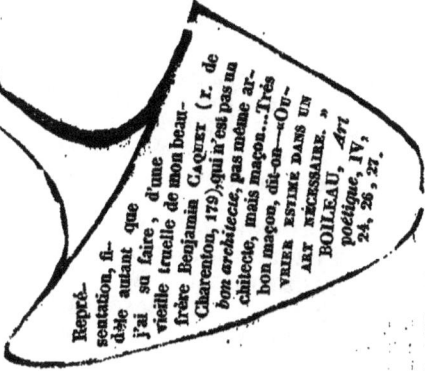

SOYEZ PLUTÔT MAÇON....

Représentation, fi-dèle autant que j'ai su faire, d'une vieille truelle de mon beau-frère Benjamin CAQUET (r. de Charenton, 175) qui n'est pas un bon architecte, pas même ar-chitecte, mais maçon...Très bon maçon, dit-on —«OU-VRIER ESTIMÉ DANS UN ART NÉCESSAIRE. » BOILEAU, *Art poétique*, IV, 24, 26, 27.

« O grandeur, que tu es belle quand la vertu te rend utile! Que le spectacle de l'homme puissant, occupé de secourir ses frères, est doux pour une ame sensible! Combien de fois j'en ai joui! »

Mais « Les grands veulent être loués.... »

Donc « Je vais raconter toutes vos merveilles. — *Narrabo universa mirabilia tua.* »

Trève de plaisanterie ; si pareil traitement m'eût été indigné par un épicier, j'en aurais pris mon parti : mais vous, M. LXXXUN (de l'Institut)! vous, homme de lettres, et même un peu lettré, m'arran-ger de la sorte! — .... *Sustinuissem utique... Tu terò, homo unanimis?...* Vous, M. M. Lébrun (de l'Imprimerie Royale), si délicieusement établie à ce budget, dont l'attrapais à grand'peine quelques miet-tes?... *DUX MEUS et notus meus ; qui simul me-cum dulces capiebas cibos!* »

FLORIAN, *Estelle.*

MASILL. P. Car. Exempl. des Gr. DAVID, Ps. IX.2.

Id., ib. LIV, 13-15.

I. R.

PARIS, chez l'Auteur, Nic. CURIER correcteur, S'...res, 3.
Forte brochure in-8°, bariolée de 26 vignet-tes sur bois pour l'écrire. — Prix : six francs; TROIS FRANCS pour les typographes.

Incontestablement, un sujet aussi éminent, aussi intéressant qui graphiques.
Lebrun, de l'Institut, devait être célébré à l'envi par tous les arts graphiques.
Aussi, voyez si, dans la guirlande que nous avons tressée au noble pair, il est
un seul de ces précieux et zélés valets de l'intelligence qui n'ait apporté une
fleur, un bouton, ou tout au moins une feuille...

La CHIROGRAPHIE vulgaire, à grands frais de temps, de colère et
d'ennui, a, de concert avec
la TACHYGRAPHIE de Coulon-Thévenot, posé (changement de métaphore, N. B.) posé les fondemens, qu'a consolidés
la TYPOGRAPHIE, de je ne sais qui. . . . . 700 fr.

Puis sont venues, avec leurs ornemens trop souvent grotesques ou bizarres,

la LITHOGRAPHIE (p. 2 de la couv.), supprimée par la cen-
sure.. . . . . 25 fr.
l'AUTOGRAPHIE, pp. 73, 66, 56, etc., etc. 35
la CHALCOGRAPHIE (Dédiquasse). 46
la CASSITÉROGRAPHIE (Eclaboussures, nos 1, 2, et p. 7). . . .
la PHELLOGRAPHIE, p. 64, haut du bas. . . . .
la XYLOGRAPHIE, p. IV de la Dédiquasse 10
la POLYTYPOGRAPHIE, pp. 1 et 4 de la couverture. 5

En dépit de toutes ces *illustrations* (M. Crapelet dirait *obscurations*, et
nous n'oserions le démentir, vu que la partie *pittoresque* de ce pamphlet est
presque en entier de la main d'un correcteur, et non point d'un artiste), en
dépit, dis-je, de ces illustrations, et malgré tant de consciencieux efforts, nous
reconnaissons avec douleur et avouons avec ingénuité que notre œuvre est
aussi profondément inférieure à la dignité de son objet que M. Lebrun
est élevé au dessus de ses confrères en immortalité.

oiseau qui répand du sable, au lieu de sang, quand on a le bonheur, le vrai bonheur de le frapper : utile et très innocent, très louable amusement,

ostentans artem pariter, arcumque sonantem.

Deuxième matras. — Voici donc pour le II° de mes susdits MATRAS. On se souvient que j'ai armé le premier (p. 5) de χωόμενος κῆρ, que j'ai justifié comme j'ai pu.

« ....
Tu règnes, tu peux tout : crains ce pouvoir extrême.
Crains surtout les flatteurs ; ils enivrent l'orgueil.
Ils ont perdu les rois, ils te perdraient toi-même ;
c'est eux qui sous le trône ont creusé le cercueil.

La vérité ! voilà mon offrande chérie !
. . . . .

Le cèdre du Liban s'était dit à lui-même :
« Je règne sur les monts, ma tête est dans les cieux,
» j'étends sur les forêts mon vaste diadème,
» je prête un noble asile à l'aigle audacieux.

» A mes pieds l'homme rampe... »   Et l'homme qu'il outrage
rit, se lève.... »
(Lebrun-Pindare, *Ode au Peuple français.*)

Troisième matras. — Télémaque demandait à Ménélas des nouvelles d'Ulysse : celui-ci répond en poussant un profond soupir (τὸν δὲ μέγ' ὀχθήσας προςέφη ξανθὸς Μενέλαος) :

« ὦ πόποι ! etc. (*Odyss.* IV) : Dieux ! c'est donc le lit d'un héros si formidable qu'ont voulu profaner les plus lâches et les plus vils des mortels! Ainsi, en l'absence d'un terrible lion, une biche imprudente dépose dans le fort du roi des forêts ses faons sans vigueur, nourris de lait, et va, libre de crainte, paissant sur les monts et dans les vertes prairies. Mais le lion revient, déchire ses faons.... »   (Bitaubé.)

Quatrième matras.

Inutile de dire que ce quatrième *matras* est à l'adresse de mon estimable confrère AUDIGUIER.

雖有其位
苟無其德
不考文

« La place et les appointemens, et ses autres avantages, oui; mais faire honneur à la place, mais corriger ceci et cela? — Oh! non. »

(Traduction libre du TCHOUNG YOUNG, l'*Invariable Milieu*, mihi p. 55.)

Cinquième matras. — « L'administration n'étant point importune, ils exerceraient tranquillement leur profession, ils n'émigreraient point au loin, ils n'abandonneraient point leur pays natal pour chercher le bonheur ailleurs (כי רב שבענו בוז — Ps. CXXIII, 3.). »

(Un commentateur du 老子道德經 *Livre de la voie et de la vertu*, de LAO TSEU, traduit par M. Stanislas JULIEN. — Voici la traduction de saint GRÉGOIRE de Naz., qui ne diffère pas essentiellement de la précédente:

Βαρὺς γὰρ αὐτοῖς καὶ θράσους ἡμῖν γέμων, τέμνων ὁδοὺς ἀτρίπτους. — *Mémoires autobiograph.*

Ἡμεν καλοί τε κάγαθοὶ (τίς ἀντερεῖ;) καὶ πνεύματος γέμοντες. —*Id. ib.*— « Quoiqu'il ne soit pas trop honnête de publier soi-même ses louanges, je me trouve pourtant quelquefois obligé de le faire. » —(*Don Quichotte.*)

Sixième matras. — فَكُنْتُ مَنْبَتَ رَوْضِ الْحَزْنِ بَاكِرَةً
.... (1)
غَيْثٌ يُبَيِّنُ لِلنُّظَّارِ مَوْقِعُــهُ
أَنَّ الْغُيُوثَ بِمَا تَأْتِيهِ جُهَّالُ

— « Or, j'étais comme une plante qui croît dans le Raudh-alhazn : au matin j'ai été humecté par une pluie qui n'est point tombée sur une terre infertile. Le sol où cette pluie est descendue fait voir qu'elle y a laissé des traces heureuses. Ah !

(1) Quel inconvénient y aurait-il donc à laisser voir, exprimé en arabe comme un peu plus bas il l'est en français, que *j'ai été humecté par une pluie qui n'est point tombée sur une terre infertile?* — Aucun inconvénient, lecteur ami : cette

III.

Les 99 (voyez p. 18 du préambule) les 99 exemplaires de ce N° III, envoyés le 16 octobre 1839, étant revenus complétement stériles à leur envoyeur, N. Cirier, il les a empaquetés; puis serrés dans un coin, munis de cette étiquette :

> Ce paquet avait été envoyé en parlementaire Vieille rue du Temple, 89. La place ne s'est point rendue; par suite les assiégeans ont tiré à boulets rouges, et le bombardement a commencé.

C'est-à-dire que je me suis mis tout de bon à bâcler mon pamphlet.

Paris, 28 juin, A. D. 1840.

que souvent les pluies ignorent quelles terres
elles arrosent ! »

(N., traduit par M. Grangeret-Delagrange,
correcteur à l'Imprimerie Royale.)

Septième matras. — « (Il principe) deve esser grave al credere ed
al muoversi, nè si deve far paura da se stesso, e
procedere in modo temperato con prudenza ed
umanità : che la troppa confidenza non lo faccia
incauto, e la troppa diffidenza non lo renda in-
tollerabile. Nasce da questo una disputa : *se egli
è meglio essere amato che temuto, o temuto
che amato.* »   (Machiavelli.)

Huitième matras. — « Un homme de mérite, continua le comman-
deur, est le chef-d'œuvre de la nature et de
l'art...... Il faut qu'il ait l'âme belle et l'esprit
bien fait ; que la beauté de son âme consiste dans

Nota benè l'italique,   un *constant amour de la vérité et de la justice,*
ami lecteur : on vous en   et dans un désir continuel de faire tout le bien
conjure dans votre propre   qui est en son pouvoir...
intérêt.
                               Qu'il joigne aux sciences nécessaires et utiles
à sa condition, ou à la profession qu'il a choisie,
une connaissance exacte des bienséances.....

Qu'il soit respectueux avec ses supérieurs,
complaisant et d'un commerce aisé et commode
avec ses égaux, caressant avec ses inférieurs,
doux, humain, d'un facile accès, civil et honnête
avec tout le monde... »

(Callieres, *Science du monde*, mihi 173.)

Neuvième matras. — « Voulez-vous acquérir.....? Ayez dans votre
folie un fond de raison, et soyez excessivement
opiniâtre. »   (Voltaire.)

« Courage, force et jugement ! »
                   (Martin, dompteur de monstres.)

Dixième et dernier *matras.*

« Donc, qui met l'homme en estime et crédit ?
Richesse d'âme et culture d'esprit.
Puis joignez-y revenus honorables,

---

lacune provient : 1° d'un accident typographique, la chute en pâte, la démolition
du second de ces quatre vers arabes ; 2°, 3°... Je me dispenserai de vous informer
pourquoi ce malheur n'a point été réparé, mais je prendrai occasion de cette citation manchote pour ne point taire l'obligeante urbanité de deux orientalistes, dont
l'un, M. Grangeret-Delagrange, mon honorable et excellent confrère de l'I. R., a
bien voulu en revoir la copie ; l'autre, M. Reinaud, a revu l'épreuve. Et il est bien
entendu que, si cet arabe n'est pas correct, il ne faut s'en prendre qu'à mon ignorance. J'ajoute : et à ma paresse... car je ne me crois pas incapable de collationner
un texte quelconque avec une copie bien lisible, bien correcte. Or, je ne me sens pas
le courage de collationner de nouveau, je me contente de prier mon compositeur
de tenir désormais à l'abri de tout accident ce savant emprunt fait par un âne au
recueil érudit (*Anthologie arabe*) dont nous devons la traduction à M. Grangeret-
Delagrange, et la publication à l'Imprimerie Royale.

biens de fortune et titres désirables,
je le veux bien, cela n'y fait nul mal :
mais le premier est le point capital ;
c'est lui sans plus, et c'est par là, beau sire,
que moi chétif vous prise et vous admire.

. . . .

Or, remplissez vos hautes destinées ;
que tous vos ans soient brillantes années :
et cependant nous autres, gens de bien,
à notre emploi ne manquerons en rien,
vous admirant, non pas dans le silence,
mais par beaux vers et pièces d'éloquence,
tant que puissions une œuvre concevoir
digne de vous et de notre vouloir. »

(J.-B. ROUSSEAU, très sérieuse *Epître*
à un inconnu.)

*Cœtera quæ vacuas tenuissent carmina mentes,
omnia jam vulgata. Quis aut Eurysthea durum,
aut illaudati nescit Busiridis aras?
Cui non dictus Hylas puer, et latonia Delos,
Hippodameque, humeroque Pelops insignis eburno,
acer equis?* TENTANDA VIA EST QUA ME QUOQUE POSSIM
TOLLERE HUMO.

« Qu'au fond d'un diocèse un vieux prêtre gémisse
quand un abbé de cour enlève un bénéfice,

. . . .

tel est le cœur humain. »

— « Que pensez-vous de...—Je pense, répondit
l'abbé en colère, je pense à ravoir mon prieuré,
et je crois que je le raurai. »

(VIRGILE, traduit par RHULLIÈRES et COURIER.)

« . . . . Ce n'est pas tout, Eumée.
Apprends ce qui m'occupe, et connais le dessein
que Minerve elle-même a fait naître en mon sein.
Mais ne le juge pas avec des yeux vulgaires :
nous sortons aujourd'hui des routes ordinaires.
C'est peu que de rentrer dans mes droits usurpés, etc. »

M. LEBRUN (de l'Institut), tragédie d'*Ulysse*.

« La Providence nous attend avec un..... avec
un..... (un quoi donc, ô mémoire ingrate ?... Eh!
bien, va pour un *quelque chose*)...La Providence
nous attend avec un *quelque chose* à chacun de
nos triomphes. »

(M. DE LAMARTINE, à l'occasion d'un lamentable synchronisme. — Ah! m'y voici, ou je
suis bien trompé : « La Providence nous attend avec un *arrêt de mort* à chacun de nos
triomphes. »
La mort?... oh! à Dieu ne plaise! mais
seulement un B., un tout petit b.. .. ....).

...ronisme). — On a lu dans
...ux du temps que notre
...te (M. de Lamartine, ne
...ompez pas) apprit presque
même temps et son admission
...ostro docto corpore, sa nomi-
...n à l'Académie, et la mort de
...ère, causée par un cruel acci-

...à mémoire et mes bouquins me
...eillent de coucher ici par écrit,
...r l'édification du noble pair, un
...moins obscur, un usage des
...ains.

Propter horrorem vacui,

PETITE TABLE

ALPHABÉTIQUE, ANALYTIQUE, APÉRITIVE, etc.

AUDIGUIER (M.), correcteur inamovible, protégé de M. Barthe, p. 15, 16, 19, 20, 28. — correcteur le plus distingué de Paris (*l'œil typog.*, p. 26); — se respecte assez pour ne pas prendre part à l'ignoble concours de 1828 (III, p. 4, *note*)...

> *Bella gerant alii; tu, felix* Au......., *side :*
> *quœ* Pallas *aliis, dat tibi regna* favor.

— Correcteur en chef à l'I. R. jusqu'en 1837 : méchamment dégradé par M. Lebrun, à l'instigation de ses envieux confrères Cirier et Laurent, gémit profondément, 1° de partager avec un indigne le titre de correcteur de 1re classe auquel il est réduit ; 2° du désespérant *statu quo* de ses appointemens de 3500 ┴ 300.

BARTHE (M.), ex-avocat, ex-ministre, etc., mais protecteur à tout jamais de son *pays.*

CIRIER, correcteur, rue de Sèvres, 3. — Sa carrière typographique, I, p. 2 et 3.

DUPRAT (F.-A.), corrigeur, p. 9; éditeur du Théâtre-François, *l'œil typographique* personnifié, l'œil barbare, malin *contrôleur des impressions* à l'I. R., p. 14 ; judicieux et charitable exécuteur des grands et beaux desseins administratifs de M. Lebrun, I, p. 2.

LAURENT (Achille), ex-imprimeur ; correcteur chez M. Fain, etc. ;— 1828, ne dédaigne pas de se présenter dix-neuvième au concours pour une place de correcteur de 2e classe à l'I. R.;— est honorablement mentionné au *Moniteur* en compagnie d'Héliot, Cirier, etc. ; — 1833, est admis dans ladite imprimerie, à côté de Cirier ;— 1838, mérite d'être élevé au niveau d'Audiguier. —Voyez p. 7, l. 26 ; I, p. 11; tout le n° III, etc.

LEBRUN (M. Pierre-A.)... *Cui non dictus Hylas puer ?*... Consignés depuis je ne sais combien d'années dans je ne sais combien d'almanachs et autres recueils, les titres de M. Lebrun à la considération, à la gloire, sont assez connus : moi qui ne m'occupe que de récapituler ses triomphes administratifs, je dis que l'enfant fut mis en apprentissage le . . 1831, dans l'atelier de feu M. Rousseau père, vieille rue du Temple, 89, et sauf quelques distractions, il fit si bien et promit tant, que dès cette première année il fut honoré d'une médaille (p. 15, et voyez l'*erratum* en tête). Oui vraiment, c'en était fait de cette pauvre Imprimerie Royale, elle croulait, si l'Académie ne lui fût venue en aide dans la personne d'un de ses membres les plus distingués. TYPOGRAPHIA REGIA INSTAURATA, MDCCCXXXI (vignette de la p. 15), rien de plus vrai : et M. Lebrun n'avait pas encore terminé en 1836 son confortable noviciat (p. 11 et 12). C'est qu'il était dans sa destinée d'étonner par la précocité de ses succès en tout genre. Mais comment l'Homère en herbe, comment l'heureux écolier qui avait offert avec tant d'apropos sa lyre au grand Napoléon, a-t-il pu, plus tard, accepter pour récompense une vile et prosaïque perception? — 1839, M. Lebrun me fait l'honneur de m'adresser *l'assurance de tous ses sentimens* (I, p. 4.). — Inopiné renvoi de *l'assurance de tous les miens* (p. 22).—M. Lebrun, GRAND, GÉNÉREUX, JUDICIEUX(p. 18, l. 4).
—M. Lebrun INEXPLICABLE: car ceux-ci le disent *mielleux au possible, doucereux jusqu'à la fadeur;* ceux-là, et c'est la grande majorité, *raide, impertinent, arrogant, despote....* Deux autres, sortant de la question, ajoutent :

RESPUBLICA
BERN.

... oh! à Dieu ne plaise ! mais
n B., un tout petit b.. . ....).

(Synchronisme). — On a lu dans
les journaux du temps que notre
grand poète (M. de Lamartine, ne
vous y trompez pas) apprit presque
en même temps et son admission
in nostro docto corpore, sa nomination à l'Académie, et la mort de
sa mère, causée par un cruel accident.

Ma mémoire et mes bouquins me
conseillent de coucher ici par écrit,
pour l'édification du noble pair, un
fait moins obscur, un usage des
Romains.

« Tertullien remarque que, pendant la pompe du triomphe, un
officier qui était derrière le trium-
phant, prononçait à haute voix ces
paroles : *Souvenez-vous que vous
êtes homme:* pour l'avertir de ne
se point laisser éblouir par l'éclat
du triomphe. »

Je dois cette citation à mon
vieux, à mon pauvre Moréri, qui
n'est pas même de la bonne édition. — Un autre rococo, de très
petit format, vient confirmer ou
rendre vraisemblable ce que je crois
avoir lu quelque part, qu'un es-
clave avait chargé de lancer des
SARCASMES contre le triompha-
teur :

...... *Post hæc victrices legiones
militesque victoris exerciti, ar-
mati ac divisi in turmas, pleni
fortunarum gloriaque, cum jo-
carum lascivia et carmine trium-
phali, iudibundi et spoliis ornati,
VERBA ET INCONDITOS VERSUS in
triumphantem militari modo jac-
tantes sequebantur.* — DIETERI-
CRIUS, compilateur de P. SAINCT-
FLEUR, *qui fuit* VOLATERRANI,
qui fuit, etc.

(P. 22). — M. LEBRUN, GRAND, GÉNÉREUX, JUDICIEUX (p. 16, 1. 4).
— M. Lebrun INEXPLICABLE : car ceux-ci le disent *mielleux au possible, doucereux jusqu'à la fadeur;* ceux-là, et c'est la grande majorité, *raide, impertinent, arrogant, despote....* Deux autres, sortant de la question, ajoutent :

éminemment personnel. — J'imagine, moi, qui ai quelque peu étudié la matière, je crois qu'un bon *distinguo* mettrait tout le monde d'accord : mais que nous importe une solution positive ? Croyons, en attendant, puisque l'intelligent (1) B. l'a proclamé, croyons fermement que *M. Lebrun*, membre de l'Institut, conseiller-d'état, contre-maître d'une immense usine, et pair de France encore tout chaud, *est un des hommes les plus éminens*, les plus remarqués, sinon les plus remarquables, de notre belle et heureuse France.

ROUSSEAU (Auguste), successeur de son père, vieille rue du Temple, 89. — II, p. 21, l. 35 ; III, p. 11.

> Son fils prétendait pour cela,
> qu'on le dût mettre dans l'histoire.
> Il eût cru s'abaisser... — (LA FONTAINE, *le Mulet d'un prélat.*)

N'allez point, ah ! n'allez point, auguste vice-roi, faire comme cet exigeant, cet in-

FIN DE LA TABLE.

fortuné Nourrit... Ne privez point d'un si rare talent la typographie aux abo:s.

---

(1) Oh ! oui, des plus intelligens. Curieux animal, de l'espèce des *grimpeurs :* voyez comme il a su, lui, escalader la petite échelle régio-typographique :

1838,		prote.... Ouf !
1833,		sous-prote.
1830,		liseur d'épreuves.
1829,		compositeur.

Aigle sans doute, ou bien reptile : car on dit que certains rochers, quelque peu ardus, ne sont accessibles qu'à ces deux espèces seulement. — Le même personnage est cité, sous l'initiale *beth,* p. 5, l. 1re, du no III.

« ..... *Enfin,* une épine dorsale, flexible...., très flexible : telle doit être la constitution physique d'un bon emplo)é » — *Manuel de l'Employé,* p. 28.

Mores cuique sui fingunt fortunam. — CORN. NEPOS, *Attic.*

L'horreur du vide, à la vue du blanc de ces deux dernières pages, m'avait fait imaginer la *table* ci-dessus : mais comment motiverai-je la feuille tout entière qui se présente à la suite ? comment justifier cette lourde queue d'un grêle pamphlet ? A quoi bon donner au lecteur bénévole deux longs extraits de mon *Essai sur la correction typographique ?* Décidément, cette publication est-elle un *pamphlet* ou un *puff ?* — L'un et l'autre... *Non volitabit alicujus fama per ora virûm, neque benè alata erit sine plumis aliquibus* OSTENTATIONIS,... JACTANTIA, ajoute le grand Bacon, *instar vernicis videtur esse, quæ ligna non solùm splendere facit, verùm etiam durare.*

Que voulez-vous ? chacun cherche à paraître. — VOLT., *Étrennes aux Sots.*

Extraits d'un

ESSAI (inédit)

SUR LA CORRECTION TYPOGRAPHIQUE.

(Premier Extrait.)

CHAPITRE V.

LES *MOYENS* DE LA CORRECTION.

« ..... J'ai ajouté que l'érudition du correcteur doit être en rapport avec sa position et répondre à la renommée de l'atelier.

Imaginez que, dans une imprimerie illustre entre toutes, on ait placé à la tête de la correction un homme qui ne sait pas le grec, qui ne sait pas même lire le grec, et pour qui le vieux dicton (*græcum est, non legitur*) est toujours de saison ; un correcteur qui, lorsqu'il rencontre du grec dans les ouvrages français exclusivement confiés à ses soins, n'a pas le bon esprit de faire abnégation d'amour-propre et de prier un collègue, un voisin, ou quelque personne lettrée du dehors, de suppléer à son insuffisance : qu'arrive-t-il encore une fois ?... La pénurie du célèbre atelier est mise à découvert et l'ignorance du liseur rendue palpable. Il arrive ce que Martial exprime si plaisamment, par une métaphore aussi hardie qu'elle est heureuse :

ON BOIT DE LA PIQUETTE DANS UN PRÉCIEUX ET MAGNIFIQUE GOBELET,

In Priami cyathis Astyanacta bibes.

Dans un gros livre,

dont tout est beau : papier, images, caractère,

on lira, ici στίχος, là ἰχθύς, ailleurs autre chose (1) : et tous ces mots, d'une si choquante saillie, je ne dis pas pour un helléniste, mais pour le plus mince écolier ; tous ces mots, isolément enchâssés dans une page de français, seront sans doute autant de pierreries qui rehausseront merveilleusement le discernement du protecteur et la capacité du protégé... « L'ignorance est une rosse qui fait broncher à chaque pas celui qui la monte, et qui rend ridicule celui qui la mène. »—*Prov. persan.*

(1) *Paléogr.*, in-f°, 1838. — I, 683, 703 ; II, 77, etc.

Ces taches hideuses, qui vont, dans toutes les bibliothèques publiques du royaume, déposer hautement contre les *moyens* ou l'administration d'une immense officine, ces taches punissent, châtient par où il a péché le vaniteux châtieur.

Mais comme les livres ne parlent pas, ne crient pas; comme les plus estimables, les plus intéressans ouvrages (et je range assurément dans cette classe celui de M. de W.) moisissent souvent dans une *magnifique obscurité* (1), aux côtés d'un lecteur insouciant, de mauvais goût, et qui, trop souvent aussi, a le malheur d'ignorer l'existence de ces trésors : il m'appartient à moi qui y ai un intérêt particulier, à moi qui crois en avoir le droit, il m'appartient de signaler les fautes en question, d'en RÉVÉLER la source, et j'use largement de ce droit, au risque de paraître un monstre d'ingratitude, et de faire dire :

> Voilà, je vous l'avoue, un abominable homme.

J'en use sans scrupule aucun :

> Ma muse, en l'attaquant, charitable et discrète,
> sait de l'homme d'honneur distinguer le *poëte*.

Oui, confrère, il est bon de faire un EXEMPLE, et vous comprendrez qu'il y va de l'intérêt de tout employé, lettré ou non,

> *Veterem ferendo injuriam invitas novam,*

et même de l'intérêt de toute personne *employée*.....

> Veillons au salut de l'empire,
> veillons au maintien de nos droits :
> si le despotisme conspire,
> conspirons la perte des... quoi ? (2) — Νόμος ὁ πάντων ΒΑΣΙΛΕΥΣ,
> θνητῶν τε καὶ ἀθανάτων.
> PINDARE.

Il y va, vous dis-je, de l'intérêt de toute personne *employée*, *employable*, *ex-employée*, comme je l'annonce dans le cadeau d'étrennes (encore sous presse) destiné à votre glorieux et puissant Mécène ... à propos de qui je vous conseillerai de ne point *mesurer*, comme le *Nain* de DORAT,

> votre taille
> à la hauteur de votre appui.

Acceptez donc, le saint temps de carême approche, acceptez dans un esprit de pénitence une petite mortification. Est-ce que d'ailleurs la trompette des gros *Almanachs*, à commencer par le *royal* sans doute, ne vous dédommage pas amplement ? Est-ce que le budget ne vous verse pas annuellement une assez copieuse, ou

---

(1) « Of the innumerable authors whose performances are thus treasured up in *magnificent obscurity*, most are forgotten, because they never deserved to be remembered, and owed the honours which they once obtained, not to judgement or to genius, to labour or to art, but to the prejudice of faction, the stratagem of intrigue, or the servility of adulation. » — *The Rambler*, 1751, N. 106. — Videsis la *traduction* d'Achille LAURENT, correcteur à l'Imprimerie Royale.

(2) Qui ? quoi ? — « La perte des *cois* », vous dis-je. Êtes-vous Français ou ne l'êtes-vous pas ? Entendez-vous la langue de La Fontaine et de Boileau, de Marot et de Benserade ?
Les *cois*, ici et pour moi.... admirez mon indulgence, ce ne sont pas les cumulards, même les moins foulés, pourvu qu'ils soient notoirement pourvus d'une capacité, d'un talent, ou d'un savoir surément : ce sont les cois que je harponne, ce sont ces nombreuses ignobilités qu'on voit gruger des cinq, six, dix mille, et même dix-huit mille francs; et en faisant quoi ? pour avoir fait quoi ? pour s'être montrées quoi ?.... Demandez-le à la *nymphe en pleurs*, qui se plaint elle aussi, *qui se plaint de Narcisse*.
« .... 3° Élimination », dit M. Ajasson de Grandsagne (BIBLIOTH. POPUL. *Notions générales*), « élimination de quiconque ne fait rien, ou fait trop peu proportionnément à ce qu'il reçoit. — 4° Rétribution en rapport avec l'importance, la difficulté ou la quantité des travaux : en conséquence, abaissement d'une foule de hauts salaires, et probablement grossissement de beaucoup de salaires inférieurs. » Ah ! comme il a bien su, M. Lebrun ███ qui, lui, n'est pas précisément un *coi*, comme il a su pratiquer ces deux grands principes d'économie administrative ! Voyez les hauts fonctionnaires, res ██ — interrogez les bas employés de son administrationnette.

du moins assez honnête indemnité? Et n'êtes-vous pas trop judicieux, trop généreux, pour disputer au pauvre diable que vous avez très innocemment supplanté, très inoffensivement dépouillé, la misérable consolation d'une citation biblique?

REVELABO donc *pudenda tua in facie tuâ, et ostendam gentibus nuditatem tuam... Contumeliis te afficiam, et ponam te in EXEMPLUM.*

NAHUM, III, 3, 4.

C'est comme qui dirait :

« Je te ferai voir ton béjaune à la face de tout Paris ; j'étalerai sous les yeux de l'univers typographique tes haillons épanorthôtiques. Je te ferai avaler cent couleuvres, et te ficherai dans le champ de la correction comme un salutaire épouvantail pour les races futures de malavisés correcteurs et corrigeurs, d'insignifians ministres de la justice, et surtout, et avant tout, d'inconsidérés, d'iniques et barbares (1) administrateurs, directeurs, dirigeurs et régisseurs d'imprimerie royale ou non.. »

Que le lecteur me pardonne cet accès de colère (*il n'y a si petit ver...* demandez à A. qui m'a appris ce trivial, mais énergique adage); accès de colère ou de fièvre qu'on voudra peut-être appeler une odieuse digression, mais dont moi je ne me fais point un cas de conscience (*irascimini, et nolite peccare*. Psaume des Complies) : je retourne à mon sujet, je laisse l'intérêt individuel pour l'intérêt général,

_____

(1) « ..... Je reviens à mon exaspération contre l'administrateur inepte qui m'a forcé à recommencer ma carrière à l'âge où pour un grand nombre c'est déjà le moment de se réjouir à la pensée de la retraite, du repos, par trop éloignés désormais.... Consignons ici un cheveu blanc tombé sur ces lignes.... Oui, inepte administrateur : il n'a pas su deviner en 1832, novice, écolier qu'il était, que dans toute administration le zèle des employés voulait être soutenu par le respect des droits acquis, et que les fonctions d'un correcteur sont d'elles-mêmes assez pénibles pour qu'on lui épargne les douleurs d'un passe-droit, et surtout d'un hideux passe-droit. Il n'a pas compris.... qu'un correcteur de quelque mérite pouvait valoir un académicien avec ses quelques vers au coin de l'Empire et sa prose demi-française. M. Lebrun eût dû au moins comprendre en 1837 combien mon mécontentement était fondé après une suite non interrompue de vexations et d'humiliations, après ce cuisant passe-droit rendu irrémédiable au bout de quelques mois par l'atroce balourdise d'une suppression d'emploi.... J'ai sous les yeux, ma chère Pauline, une lettre de toi, bien affectueuse, elle finit ainsi : PATIENCE ET COURAGE ! Pour te prouver que ni l'un ni l'autre ne m'a manqué, je pourrais me borner à rappeler la date de ta cordiale missive (13 août 1835), mais j'ai à cœur d'accumuler les preuves... » — *Lettre à ma sœur*, 23 juill. 1838.

« ... Si ce dernier appel à votre bonté, M., et j'ose ajouter : à votre justice, vous trouve insensible; si ce procédé ne m'apporte pas quelque chose de bienveillant, d'affectueux (et ce quelque chose d'affectueux, souffrez que je le déclare, ce ne pourrait être, ni une lettre administrative, ni même quelques lignes de votre propre main), je me résignerai. Je continuerai aussi patiemment que possible, et même avec actions de grâces envers la Providence, l'humble et fastidieux métier de copiste, ma seule occupation depuis plusieurs mois. Je tâcherai d'oublier l'Imprimerie royale et son impitoyable chef. Si je peux, je ne me souviendrai plus que la profession de correcteur était ma spécialité, mon lot, ma vocation, la croix qui va le mieux à mes épaules; que j'avais (témoin, encore une fois et toujours, et quand même! témoin le *Monit.* du 27 oct. 1828), que j'avais mérité d'exercer avec distinction ce pénible mais honorable emploi dans la première imprimerie du monde et d'y atteindre le dernier échelon d'une très courte échelle; signalés comme l'aîné des Beaufils, signalés dans l'*OEil typographique*, p. 2, note 1, je devais mourir à ce poste, ou plutôt que je pouvais espérer de savourer, au sortir de là, avec mon infortunée compagne, quelques années d'un loisir chèrement acheté, d'un loisir aussi confortable que le comporte la vieillesse munie d'un revenu très exigu.

Oui, M., quoi qu'il arrive, quoi que vous décidiez, je m'efforcerai d'oublier tous ces poignans désappointemens. Moins mécontent de moi quand j'aurai extirpé de mon cœur, de ma mémoire et de mes papiers ce cancer rongeur, je retournerai avec plus de confiance à ces touchantes, affectueuses, consolantes paroles * que j'avais lues, relues, méditées cent fois, surtout depuis quelques mois, sans y trouver ce calme précieux qu'elles promettent, et que vous souhaite à vous-même, M., votre très humble et dévoué serviteur. — CIRIER. »

* « Δεῦτε πρός με... Venez à moi, vous tous qui êtes fatigués et chargés, et je vous soulagerai, etc — MATH. XI. » — *Lettre à M. Lebrun*, du 16 oct. 1859; citée p. 18 du *Pamphlet* qui s'imprime en ce moment.

le correcteur pour la correction, me voici revenu aux *moyens épanorthôtiques*...
Et pourtant, j'ai quelque chose encore sur le cœur... Mais non, ceci n'est plus du
tout de la vendette : il s'agit de quelqu'un qui ne m'est connu *nec irâ, nec beneficio*...
à peu près comme disait Tacite, n'est-ce pas ? — d'un correcteur aussi de la boutique en question, correcteur émérite (1), que je ne piquerai, que je ne chargerai
qu'à la décharge de mon estimable confrère A.

Je dis qu'on doit de l'indulgence au correcteur qui n'a point eu le courage de trahir sa faiblesse autrement que par des errata, de dénoncer lui-même la paucité (*sic*),
l'exiguïté de ses *moyens* : la raison du décorum l'excuse jusqu'à un certain point ;
sa place ne demandait-elle pas impérieusement qu'il *laissât croire* à son érudition ?
Mais un correcteur qui vient de gaîté de cœur, dans un livre de sa façon, essayer de
faire croire qu'il sait le grec, voilà bien le *nec plus ultra* d'une orgueilleuse gau-
cherie, voilà ce qu'il faut claquer, claquer bien fort, et stigmatiser.

Il y a déjà six ans que j'ai accompli cette facile tâche dans mon TRACTATULUS,
encore inédit, *de spiritibus et accentibus græcis*, en révélant un tout petit fait
saisi dans le tout petit *Recueil de poésies* de M. G.

In libello, cujusdam ἐπανορθωτοῦ *(referre pudet) opusculo, hunc Matthæi tex-*
tum λευκὰ ὡς τὸ φῶς *sic fœdatum nuper legi :* λευχα ωστ τὸ φῶστ, *in quo plures*
mireris mendas quàm voces : χ *pro* κ, στ *pro* ς, *ut sileam de spirituum et*
accentuum absentiâ. Carpenda hìc quorumdam malesuada libido, qui,
cùm græcè nesciant, græca tamen proferre gestiunt. Quid indè ? Lauda-
tus emendator (Dom. G.), qui græcam anteà et latinam ex æquo linguas
callebat in opinione vulgi, supinæ jam apud Achivos ignorantiæ mise-
rabiliter arguitur; aut certè illum, quemadmodum olim inclytum Pau-
lum chiliarchus quidam, interrogare fas est : Ἑλληνιστὶ γινώσκεις; *(Act.*
XXI, 37.)

— II. A chacun son métier, les vaches sont bien gardées. — Faites lire du français par un Français, correcteur autant que possible, et de même pour toutes les
langues. A tout le moins, qu'un Français lise le français, un Anglais l'anglais, etc.,
et que l'*OEil typographique*, cet œil cosmopolite dont je me propose de dire un
mot avant de terminer mon chapitre des *moyens*, que l'œil typographique, c'est-à-
dire un correcteur exercé, repasse et contrôle, mais avec toute la réserve que
lui impose son ignorance peut-être complète du langage, ce qui aura été lu trop
couramment peut-être par d'incomplètes spécialités : lecteur français non correcteur, lecteur anglais *id.*, etc.

A défaut d'un Français, d'un Anglais, d'un Allemand, ... ayez un, deux,
trois, ... hommes, tous correcteurs, qui ne soient pas tout-à-fait étrangers au
français, à l'anglais, à l'allemand....

— Mais si l'on pouvait trouver un correcteur polyglotte, une espèce de docteur
Pangloss, également habile à ramasser les coquilles, et à lire, comprendre, resti-
tuer le français, l'anglais, l'allemand.... et que sais-je? l'hébreu peut-être, l'arabe
et le chinois? — un homme dont l'intelligence herculéenne dominerait, saisirait
avec facilité cette foule d'idiomes, comme le robuste imprimeur, armé de la balle
ou du rouleau, embrasse sans effort, reproduit avec une égale perfection et semble
créer le français et le latin, l'hébreu et l'arabe; le grec de Garamond, l'élégant chinois de M. Marcellin et les jolies vignettes de M. Chenavard?...

— Oh! vous ne le trouverez pas, ce phénomène, je vous en réponds. Et supposé
qu'on le rencontrât, qui l'emploierait? qui le pourrait payer? L'Imprimerie Royale
elle-même y suffirait à peine. Et quant à la considération, accessoire obligé d'un
traitement élevé et qui est aussi un salaire, oseriez-vous assurer que le titre de
correcteur en chef, neuf, éminent, brillant tant qu'il vous plaira, fût à la hauteur
de cet incomparable mérite?

Un tel, qui est correcteur, SAIT, me dites-vous, SEPT langues. — J'en doute,
d'autant plus qu'il (je ne reproduirai pas sans dégoût votre expression) d'autant
plus qu'*il crève de faim*.

Voici venir un quidam, correcteur également, qui possède mieux que cela :

CLITON.

Vous savez donc l'hébreu?

_____

(1) M. GENCE. — Il vient de mourir.

DORANTE.

L'hébreu? Parfaitement.
J'ai DIX langues, Cliton, à mon commandement.

Moi je dis au quidam qu'il en a *menti*. Sur quoi on me fait observer que j'ai tort de m'emporter : que cet honnête, courageux, infatigable travailleur n'est pas *menteur* de son naturel, et que d'ailleurs il ne s'est jamais vanté de SAVOIR dix langues.

Un correcteur qui SAIT tant, qui POSSÈDE tant, peut être comparé à ces outils polychrestes, à ces couteaux à cent lames (couteau, canif, rasoir, scie, etc., etc.) : rares et curieux objets qu'il n'est pas donné à tout le monde d'acheter, mais dont, fort heureusement aussi, tout le monde se passe très bien ; car, en définitive, dans ce meuble lourd et embarrassant, dans cette complication de *moyens* qui se nuisent réciproquement, l'opulent acquéreur ne trouve ni un excellent couteau primó (c'est-à-dire que le correcteur Pangloss n'est pas fort sur le français), ni un excellent canif, ni surtout un excellent rasoir. Ce chef-d'œuvre de coutellerie, incommode assemblage d'innombrables commodités, vous rappelle à vous le banal *omnia et nihil*, à moi une épigramme de l'Anthologie *(contre les demi-savans)*, finissant ainsi :

Γευόμενος πάντων, οὐδὲν ἔχεις ἴδιον.

Je me souviens aussi à ce propos de quelques lignes adressées par un imprimeur à l'un de ces correcteurs encyclopédiques (N. C.) : « M. — J'ai lu avec un nouvel intérêt vos observations sur le rude exercice de la correction, et elles n'ont fait que me confirmer dans l'opinion que je me suis formée depuis long-temps, d'après votre épreuve de concours à l'I. R, que vous possédiez assez et plus de connaissances littéraires qu'il n'en faudrait pour l'usage de quatre ou cinq correcteurs, parmi ceux de notre temps. Mais, M., ma longue expérience de l'imprimerie *pratique* m'a fait assez connaître que l'instruction la plus étendue ne suffit pas pour pénétrer le plus heureusement possible dans le dédale de la correction typographique, *mille sinuosis flexibus implicata*. Et pour vous dire toute ma pensée, je crois que cette variété d'idiomes que vous possédez (1) doit nuire quelquefois à cette précision de la pensée et du coup d'œil, qui, chez d'autres correcteurs, plus dégagés d'instruction *(sic)*, leur fait saisir plus subtilement les fautes. Vos connaissances n'en sont pas moins précieuses assurément, et pour vous-même d'abord, qu'elles récréent, qu'elles consolent, etc. » — *Lettre de M. Cr. à N. C.*, du 20 août 1837.

Voyez ma perplexité !... D'un côté l'autorité de M. Cr., grave autorité que je sais apprécier moi aussi (2) ; de l'autre, ces mots étonnans et presque drôles : *dégagé d'instruction*.

Un correcteur dégagé d'instruction?... est-ce une denrée bien rare, bien chère et de difficile acquisition? Je ne le pense pas. Mais ce qui me paraît difficile, embarrassant, ce serait de ranger à la suite des qualités déjà énumérées cet ingrédient si nouveau, si inattendu, qui doit, selon M. Cr., entrer dans la panacée qu'on est convenu d'appeler le *bon correcteur*, le *correcteur accompli*, etc.

Et qui pourra, m'expliquer comment ce correcteur privilégié, qui a eu le bon esprit de ne point charger sa mémoire de tant de mots barbares qu'il nous faut à nous autres misérables subir dans les collèges, *pénétrera* avec plus de *bonheur* et de sécurité que personne dans le *dédale* d'une page de Virgile ou d'Homère? comment ce voltigeur de la correction, armé à la légère, à peine vêtu, viendra à bout de ces

_____

(1) « Jamais, Dieu merci, je ne m'étais, jamais je ne me suis donné depuis pour POSSÉDER *beaucoup d'idiomes*, mais bien pour *savoir* (il ne doit pas être question, en France, du français, que tout correcteur est censé *posséder*), pour *savoir*, dis-je, le latin et le grec; et *connaître* l'italien, l'espagnol; l'anglais, l'allemand; l'hébreu, l'arabe et le chinois. Je viens de faire *connaissance* avec l'admirable sanscrit, dans le bel et docte ouvrage de M. EICHHOFF *(Parallèle des langues de l'Europe et de l'Inde)*. » — Correctif de N. C., écrit par lui en marge de la lettre de M. Crapelet.

(2) « ...J'apprends avec plaisir que vous êtes aujourd'hui chez M. Cr. Un homme aussi éminent dans son art, et qui rappelle si bien nos plus belles illustrations typographiques, devait naturellement s'enrichir d'un mérite que l'Imprimerie Royale n'a pas su conserver. » —M. B. de X., *Lettre* du 26 fév. 1837.

innombrables et astucieux ennemis, de cette hydre à cent têtes, de tous ces *monstres* enfin dont parle H. Estienne dans sa ridicule Quérimonie? — Comment, *plus subtilement* que vous et moi, qui n'avons pas encore perdu tout notre latin, oublié tout notre grec, il *saisira* les barbarismes et les solécismes ? — Je le répète : ce passage de la lettre de M. Cr. m'intrigue au dernier point. Il me remet en mémoire une singulière apostrophe du gouverneur Festus à l'apôtre des nations, qui lui aussi avait besoin de savoir au moins trois langues ; qui les savait à ce qu'il parait, et était en mesure de captiver l'attention d'un nombreux auditoire, à Athènes par un vers de Ménandre ou autre classique, à Jérusalem par la citation des livres saints: « Ταῦτα δὲ αὐτοῦ ἀπολογουμένου.... Paul se justifiant ainsi, Festus s'écria : « Vous déraisonnez, Paul: votre grande érudition vous a tourné la tête. »—*Act*, XXVI, 24.

Qu'un imprimeur comme il y en a tant, un imprimeur qui sait.... acheter et peser du grec, se soucie peu de l'instruction dans les personnes chargées de lire ses épreuves grecques et autres, cela me surprendrait encore : mais M. Cr., si instruit lui-même, se défier de l'instruction!... encore un coup, cela m'étonne, cela me passe; et quoi qu'il en dise, et quoi qu'on die, je me permettrai de dire de son correcteur *un peu trop dégagé d'instruction*, ce que l'impertinent Ulysse osa proférer au sujet du pauvre Ajax, à sa barbe et en présence de toute une armée :

Huic modò ne prosit, quòd, ut est, hebes esse videtur (*).

III. Mais est-il donc réellement impossible d'apprendre, de savoir, de posséder même dix langues? — Je ne l'affirme pas, mais je crois, mais je soutiens qu'il faudrait beaucoup de loisir et d'aisance : on sait assez combien

virtutibus obstat

res angusta domi ;

je pense qu'il faudrait n'avoir étudié que cela, et surtout n'avoir point passé vingtcinq années de sa vie à lire des épreuves; qu'il faudrait n'avoir point de femme, et surtout d'enfans ; et probablement en outre, avoir un cerveau moulé *ad hoc*, POSSÉDER la bosse des langues.

Tels apparemment étaient, entre autres, le pieux, modeste, austère et désintéressé ARIAS MONTANUS (1), LUDOLF (2), CLUVER (3), W. JONES (4);

(*) Ce faible de M. Crapelet pour les correcteurs *dégagés d'instruction*, quelqu'un prétendrait le justifier par un certain motif..... motif beaucoup trop indigne d'un grand et intelligent imprimeur, pour que j'hésite à en repousser bien loin l'hypothèse. Non, M. Crapelet ne craint pas, n'aura jamais à craindre de se voir *éclipsé* par un de ses correcteurs.

(1) ARIAS MONTANUS (Benoît, 1527 — 1598), dans une préface de la polyglotte d'Anvers, après avoir alloué une large part d'éloges à chacun de ses nombreux et doctes collaborateurs dans le grand œuvre dont il avait la direction (il était vraiment *correcteur en chef* celui-là, il osait apposer, non pas un *vu* furtif et tout honteux, mais bien un bel et bon *bon-à-tirer*, et sur le latin, et sur l'hébreu, et sur l'arabe..., et même sur le grec), Arias Montanus, dis-je, après ce noble et généreux acte de justice distributive, s'exprime ainsi sur son propre compte; et il semble qu'on l'en puisse croire, puisque le protestant Alstédius *(Encyclop.)* lui attribue la connaissance, non pas de dix, mais de DOUZE langues, le qualifiant δωδεκάγλωττος : « *De me autem et de meo labore et industriâ (quantulacumque ea est) nihil profiteor. Hoc tamen unum non reticebo: me scilicet continuò immortales Deo gratias agere, quòd decem idiomatum cognitionem pro suâ clementiâ atque benignitate mihi impertitus sit. Quorum idiomatum gratiâ tantum mihi munus demandatum est. In quo quidem quâ ratione sim versatus, aliorum esto judicium.* » — « Arias Montanus était l'homme du monde le plus propre pour ce grand dessein, qu'il exécuta glorieusement. » — MORÉRI.

(2) LUDOLF (Job, 1624 — 1704) « savait VINGT-CINQ langues. » — FELLER, *Dictionn. biograph.*

(3) CLUVER (Philippe, 1580 — 1623) « parlait DIX langues avec facilité, » — *Id. ibid.*

(4) JONES (William, 1746 — 1794), « possédait plus de VINGT langues, et en écrivait huit avec une rare élégance. » *Id. ib.* — Je me reconnais tout un erratum dans ce que j'ai écrit tout-à-l'heure, et je ne veux point passer outre sans le consigner ici même... Ce Ludolf, ce Cluver, etc., qui *savaient* réellement, doit-on croire, qui *possédaient* tant de langues, ont *su faire* bien autre chose encore. Témoin ce W. Jones, « tour à tour poète, jurisconsulte, historien ; qui a écrit aussi sur l'Ecriture Sainte, l'astronomie, la chronologie,

tel de nos jours le cardinal **MEZZOFANTI** (1), bibliothécaire de la Vaticane.

Autrement, vous aurez pu étudier dix, vingt langues; vous aurez même traduit, à tant la page, un gros volume d'allemand (2), et pour votre instruction plusieurs autres : allemand, anglais, grec moderne... mais apprendre, mais savoir, savoir assez pour corriger, pour corriger en bon-à-tirer, en bon-à-tirer dans une imprimerie de quelque renom et d'une certaine importance.... c'est ce qui vous manque indubitablement, à vous Pierre, vieux correcteur; à vous Paul, chargé de famille; à vous certainement aussi, A., honneur de la première classe; à vous encore, B., correcteur de la seconde; à moi-même C., qui ne suis plus d'aucune.

IV. Est-ce à dire qu'un correcteur devra s'en tenir à la langue de sa nourrice, renforcée d'un peu de jargon grec et latin attrapé au collége?—Non pas, s'il vous plaît! entre trois et seulement dix il y a bien plus d'un milieu.

Sachez donc le français, le latin et le grec.... vraiment ce n'est pas sans une extrême répugnance que je parle si souvent de grec et de latin : je sais trop bien quel air rococo cela me donne et la physionomie pédantesque qui en résultera pour mon livre. Mais que voulez-vous? Je m'essaie à un *Essai sur la correction* : je ne prétends former ni un teneur de livres; ni un homme de lettres, espèce de cornac se disant chargé de gouverner un singulier animal, l'*Opinion publique*, et jetant régulièrement la pâture aux faméliques abonnés des journaux, aux capricieux habitués des cabinets de lecture; je ne veux pas même dresser un contrôleur des impressions (3)....

---

l'histoire naturelle et les antiquités » — Et tout cela en moins de 47 ans! (Cluver n'en a pas passé 43.) — Ah! combien notre cervelle est gueuse en comparaison de ces opulens cerveaux! Oh! que nous sommes petits auprès de ces géans, nous-mêmes, *correcteurs les plus distingués de Paris* au XIX⁰ siècle! — * Voy. l'*OEil typographique*, p. 26, l. 29. — Eh! parlez donc à présent, vous autres, les imperceptibles, les complétement obscurs! montrez-vous, ambitieux employés, présomptueux corrigeurs!... Eh! approchez donc, vous au moins, illustre Duprat, pour qui, dans sa tendre sollicitude, le clairvoyant Mécène se montrait tout disposé à créer un emploi, une place, une *corrigeure de première classe* infailliblement, vu vos droits, vos moyens et vos prétentions, lui qui dans sa sagesse avait défait ce qu'un peu plus tard refit sa même sagesse quand, moi l'indigne, j'étais bien loin (Voy. mon *Apprentif administrateur*, sous presse).— Mais soyons équitable : vous avez été modeste, modeste au moins cette fois; vous avez compris, avoué que le burlesque accoutrement de *contrôleur des impressions* allait moins mal à votre taille bouffonne, et vous l'avez gardé...Vive la modestie!

(1) « Le célèbre **Mezzofanti** fut nommé, très jeune encore, bibliothécaire de Bologne, sa ville natale. Il avait appris sans maître et par principes TRENTE-DEUX langues. Non seulement il les lisait et les comprenait toutes, mais il les écrivait et les parlait dans une telle perfection, que l'Allemand, l'Anglais ou le Français auraient pu en l'écoutant le prendre pour un de leurs compatriotes. C'était d'autant plus extraordinaire, qu'il n'avait quitté qu'une fois sa ville natale, pour aller passer quelques jours à Venise. Sa grande renommée lui valut plus tard l'emploi de bibliothécaire du Vatican. Mezzofanti était un dictionnaire personnifié de langues anciennes et modernes : mais, un jour, sa mémoire se troubla, et il mêla tout à coup dans son esprit tous ces dialectes différens, qui ne formèrent plus qu'une langue générale. Maintenant, enfermé dans une maison de santé à Naples, Mezzofanti est l'image vivante de la *confusion des langues*. » — Je viens de reproduire ce que j'avais copié il y a quelques années, sans en consigner la date; je ne sais si les lignes suivantes, empruntées aussi à un journal, sans indication de date, sont antérieures ou postérieures aux précédentes : « On écrit de Rome, 9 janvier : Dim. 7 de ce mois, les élèves de la congrégation *de propaganda fide* ont prononcé des discours en QUARANTE-TROIS langues... M. Mezz. a pu s'entretenir avec les Chinois, dans leur langue... et avec la plupart des élèves étrangers. — Que dites-vous de cette progression ascendante: 7, 8, 10, 12, 20, 25, 32, 43?... hein?

Du Vatican ce prélat est la gloire :
sans interprète il peut parcourir l'univers;
partout il est obez lui; son immense mémoire
des temps passés, présens, et des peuples divers
sait les langues, les mœurs, les livres et l'histoire.
Rome en lui montre aux voyageurs
la plus grande de ses merveilles:
il sait se faire entendre à toutes les oreilles,
comme il sait gagner tous les cœurs.

Comte DE MARCELLUS, *Italie.*

(2) *Histoire de N. S. J.-C.* par STOLBERG, édition de M. l'abbé J., trad. de Nic. CIRIER.

(3) Je veux bien toutefois, parce que je m'intéresse vivement à tout ce qui confine à la cor-

Doceo quo simus alendi
armandique modo.

Je vise à mettre un homme en état de lire passablement des épreuves dans une imprimerie quelconque, et spécialement dans une imprimerie nationale ; je veux dire dans une belle et grande imprimerie, qui possède un docte et riche matériel... J'ai en vue un correcteur capable de faire honneur à un atelier royal, impérial, etc.

Sachez, dis-je, le français.... je ne me lasse point de le redire, car on ne le dira jamais assez ; sachez le français, le latin et le grec, mais sachez aussi, mais apprenez, acquérez, cultivez au moins une ou deux langues : le bas-breton par exemple, ou le chinois vulgaire dont un cours gratuit vient de s'ouvrir à la soif du public antipode... Plaisanterie à part, méditez, apprenti correcteur, qui ne pourrez jamais voir à votre habit la palme universitaire, mais qui devrez la *mériter*, comme fit, dit-on, d'une couronne le grand Condé, méditez bien ces paroles du ministre de l'instruction publique (12 mars 1838) :

« Le grec et le latin, ces deux grands élémens de toute éducation libérale et forte...

L'une de ces quatre langues : l'allemand, l'italien, l'espagnol ou l'anglais ; langues qui toutes confinent à l'une de nos frontières ; qui apportent avec elles une littérature, une philosophie, une histoire ; et qui sont parlées :

l'allemand, dans tout le Nord ;
l'italien, dans tout l'Orient ;
l'espagnol, dans tout le Nouveau-Monde ;
l'anglais, dans toutes les échelles et dans tous les comptoirs. »

Méditez, dis-je, et faites votre choix.

Mais si une indomptable ardeur emporte au-delà de ces limites un homme qui aurait déjà quelque habitude de la correction et un certain acquit littéraire ; si cet homme, à l'instar du docte évêque de Nazianze,

νύκτας συνάπτων ἡμέραις ἐν τοῖς πόνοις,
ὡς ἄν τις ἔλθοι εἴς γε ῥυτίδας λόγος,

s'obstine, comme un philosophe de l'antiquité, à *vieillir en apprenant....* le plaindrez-vous ? vous rirez-vous de lui ? — Plaignez-le, c'est mon avis, à moi ; ah ! oui, plaignez-le si l'événement, si le succès ne répond nullement à ses louables efforts, à ses légitimes espérances, mais gardez-vous de rire (1).

rection, je veux octroyer un court mais précieux avertissement à quiconque voudra, dans le siècle présent et dans les âges futurs, briguer le beau, très beau mais très périlleux emploi de contrôleur des impressions. C'est d'abord, si déjà l'on n'est raisonnablement pourvu, qu'on ait à se munir d'une certaine dose... de latin au moins : autrement il pourrait advenir qu'emporté par *l'œstre* typographique, ou guidé par *l'œil* que vous savez, on défit *fabula prima* par exemple, pour refaire *fabula primo*, ce qui serait fort désagréable, et compromettrait sensiblement l'auto ité, la dignité du contrôleur d'ailleurs le plus recommandable. — Je conseillerai fortement aussi aux contrôleurs, même les plus consommés, de ne point sortir des bornes d'une certaine modestie, parce que les correcteurs les plus vulgaires, les plus ignorés, seront toujours en droit de leur dire, à peu près comme H. Estienne à quelques imprimeurs de son temps :

Tu tantùm corpore prodes,
nos animo ; quantòque ratem qui temperat anteit
remigis officium, quantò dux milite major,
tantùm ego te supero.—OVID.

(1) « Il y a long-temps qu'on rit à mes dépens ; mais, par ma foi, je l'ai bien rendu. » (VOLT. à *Panckoucke.* — Moi j'étais sérieux, très sérieux, plus que sérieux quand j'écrivais à un illustre défunt la lettre dont extrait ci-après, en décembre 1836, au moment de quitter

Dites-moi un peu pourquoi telle édition du *Dictionnaire de Trévoux* (Paris, 1743) a presque autant de fautes que de mots là où elle donne des étymologies em-

un établissement dont le digne chef, cédant, quoi qu'il ait écrit, aux seules *exigences* d'un incommensurable et très peu lucide amour-propre, ne me fit pas seulement l'honneur de paraître vouloir me retenir.

« A M. le baron (car le célèbre orientaliste tenait un peu à l'*oripeau*, et croyait beaucoup aux *mamamouchis* *)

A M. le baron Silvestre de Sacy. — . . . . Mon admission par voie de concours, en 1828, à l'I. R., avait eu pour condition, entre autres, la connaissance des langues FRANÇAISE, LATINE et GRECQUE. Possédant assez bien le latin dès lors, et passant même pour l'écrire avec quelque facilité, je me suis, dès mon entrée, particulièrement attaché à cultiver le grec. Le résultat d'une partie de ces études a été un petit livre qui a paru à M. Berger de Xivrey *utile, très méthodique*, et même *intéressant* : DE SPIRITIBUS, etc. La variété des idiomes offerts à ma curiosité dans l'exercice de ma profession à l'I. R. a dû me porter à reprendre l'étude de ceux de ces idiomes que j'avais pu attaquer déjà antérieurement : l'HÉBREU, l'ITALIEN et l'ALLEMAND, et m'inspirer le désir d'en connaître quelques autres ; l'ANGLAIS, l'ESPAGNOL, le CHINOIS et l'ARABE. Sans intéresser ma conscience par rapport au temps que je devais à mon emploi et grâce à beaucoup d'ardeur et de ténacité, j'ai pu avancer assez dans la connaissance de ces sept langues pour la faire tourner au profit des ouvrages confiés à mes soins. Je n'avais pas tardé à reconnaître, qu'en fait de langues surtout, les moindres acquisitions ne sont pas sans importance chez un correcteur. Si, pour justifier cette assertion, je me permets d'indiquer quelques taches qui ont trompé l'attention des maîtres, j'en prendrai occasion de proclamer humblement l'ignorance de l'écolier.

Journ. asiat. oct. (ici le titre d'un livre en hébreu), là où le maître, l'auteur, précisément parce qu'il est maître, parce qu'il devine ou suppose, avait cru voir : (3 mots hébr.), moi, novice et sachant à peine assez d'hébreu pour entendre les Psaumes, mais correcteur et muni de cette attention inquiète que donne l'habitude du métier, j'ai reconnu, découvert : (3 mots hébr. différens).

Hist. des Druses (par M. de Sacy), Introd. XVIII, où le maître des maîtres avait supposé : (2 mots arab.), j'ai, correcteur indigne, remarqué : (2 mots arab. différ.).

Une tablette de ma bibliothèque presque en entier couverte de manuscrits de ma main **, prouverait fort mal sans doute une connaissance même médiocre de ces di-

* COURIER, *Correspondance* : « J'ai vu Vienne, j'ai vu la cour, j'ai vu de près... » — Citez mieux, citez davantage, si vous avez meilleure mémoire ou plus de loisir !

** Au bas de la lettre, l'aperçu ci-après de ces travaux, hormis quelques-uns, omis ou plus récens :

pruntées à la langue sainte ? — C'est sans doute parce que l'alphabet hébreu a trois ou quatre lettres qui ressemblent si bien à trois ou quatre de leurs sœurs, qu'il est difficile de les distinguer (1), même sur l'imprimé, pour peu que le caractère soit usé; c'est sans doute parce que le compositeur a été presque dans l'impossibilité de lire la copie d'un auteur trop peu soigneux : mais c'est aussi, et surtout, parce que ledit vocabulaire a été confié aux mains d'un correcteur... *non savant*, *ignorant* serait trop dur; d'un correcteur, non point étranger à la connaissance de la langue de la Bible, mais étranger à la connaissance de son alphabet de vingt-deux lettres. Voyez, de grâce, au mot HÉBREU, le dit Trévoux. Admirez comme, par suite de la confusion du Beth et du Kaph, on donne jusqu'à trois fois, pour étymologie du mot HÉBREU, non pas *eBer*, mais réellement *eKer*. Et pourtant il était si facile d'éviter ces méprises, d'épargner à l'édition ces coquilles, sans être vraiment bien *savant* (2) ! Il ne fallait que *savoir lire* l'hébreu : partout, ou presque partout, dans cet ouvrage, le mot oriental est accompagné de sa transcription en lettres de l'occident.

Je pourrais citer un illustre et récent exemple de ces âneries épanorthótiques dans un volume au demeurant très bien conditionné : mais j'ai lu au frontispice un nom qui veut au moins des égards, je me tais.

Je serai beaucoup plus à mon aise pour un troisième et dernier exemple, d'autant plus que, possédant le bouquin qui me l'a offert, je puis le citer de nouveau au tribunal de mon œil tant soit peu *typographique*.

Prenez un petit ouvrage intéressant, instructif, intitulé : « Les ÉLÉMENS DE L'HISTOIRE, où de ce qu'il faut savoir de CHRONOLOGIE, de GÉOGRAPHIE, de BLAZON, de l'HISTOIRE UNIVERSELLE, etc. » (par M. P. *L. L. de Vallemont*, pr. et doct. en théol. Paris, 1696, 2 v. in-12). — Courez à la p. 53 du T. I. Il y est question des rêveries cabalistiques des rabbins, notamment quant au mot... (*beresith*), le premier de la Bible, et, selon l'usage des Juifs, titre du livre de la Genèse. Cette page contient sept mots hébreux (N. B. à la louange du correcteur, à qui Dieu fasse paix ! reproduits à côté en lettres latines), sept mots, et quatorze lettres isolées.... Combien de fautes ? — Quatorze.

Si donc un correcteur est assez favorisé du Ciel pour avoir comblé et même débordé la mesure de *savoir* que semble lui demander le lexicographe de Trévoux (*parler...*, *entendre...*, *lire...*), tant mieux pour lui ! tant mieux pour les maisons qui l'accueilleront ! tant mieux pour telle et telle édition ! Qui sait, par exemple, si une *Géographie d'*EDRIZI (3), traduction française, saupoudrée d'arabe à presque toutes les pages, ne devra point à cette large érudition d'être un peu moins incorrecte ? — Qui sait ?... Moi, et de science certaine...

Sunt mihi quœ valeant in talia pondera vires. — OVIDE.

Et, pour sortir un peu du *ba bé bi bo bu*, et ne point rester éternellement parqué dans ce fastidieux petit cercle des langues, si un épanorthôte se fût avisé d'étudier... le blason *verbi gratiâ*, n'aurait-il point eu la chance de sauver au *bul-*

---

verses langues : (ici une sentence arabe : *On ne* SAIT *véritablement que ce qu'on possède en soi-même*): mais peut-être on conviendra, etc. »

(1) Aussi les grammairiens ont soin de les grouper deux à deux, ou trois à trois, pour les faire mieux remarquer à l'étudiant. « *Figurœ*, dit CEVALLERIUS *(de figurâ litterarum), aliœ sunt propriœ et peculiares, ut.....* (aleph, lamed....); *aliœ non prorsus absimiles, ut.....* (aïn *et* sadi, teth *et* mem, etc.); *aliœ similiores:* ..... (hé, cheth *et* tau, daleth *et* res, etc.), *quas tamen attentâ consideratione et mediocri usu facilè quisque discernat.* »—Soit, qu'on puisse assez facilement ne pas confondre ces élémens, surtout dans l'hébreu de certaines fonderies modernes; mais dans quelques éditions très anciennes, la similitude est vraiment désespérante. Voyez *Pagnini Institutiones hebraicas* (Lyon, 1528), livre fort bien imprimé, en caractères nullement usés.

(2) « On dit, par une espèce de proverbe, que pour être savant il faut savoir parler latin, entendre le grec, et lire l'hébreu. » — Trévoux, v. *hébreu*.

(3) In-4°, éd. de l'Imprimerie Royale.

(2) M. R. R., *Revue de Paris.* — M. R. R., un des plus avisés, des plus zélés fourrageurs de niaiseries archéologiques; M. R. R., qui est homme à dégoiser, contre tel de ses inestimables confrères en antiquaillogie, tout un gros volume in-4°, pour éclaircir cette question, qui importe tant au bien de l'état et au bonheur de l'humanité, à savoir, « si les badigeonneurs d'autrefois badigeonnaient précisément comme badigeonnent les badigeonneurs d'à-présent; » M. R. R., qui possède un antique morceau de pot-de-chambre d'un haut intérêt, car on y saisit certaines teintes qui tendraient à prouver que notre malin archéologue n'a pas tiré sa poudre aux moineaux…. Oui, un morceau de pot-de-chambre, mais il a dû coûter bon à l'illustre antiquaire : aussi nous ne doutons pas que M. R. R. ne soit aussi démesurément amoureux de ce fragment d'un vase à l'usage peut-être d'Alcibiade ou de Cléopâtre, aussi passionnément épris de cette savante relique, que l'était de son incomparable prune l'homme de La Bruyère. Je me permets donc de croire que, quand il s'agit de faire voir et toucher aux connaisseurs ce vénérable débris, M. R. R. ne fait pas moins de façons que n'en faisait l'homme à la prune. Disons pourtant, à la louange du premier de ces originaux, que le second nous a lâchement envié jusqu'au nom de sa prune, au lieu que, par un sentiment de généreuse abnégation qui sera certainement célébré dans tous les journaux et dans tous les siècles, M. R. R. nous a voulu faire jouir d'une représentation, fidèle autant que possible, de son impayable tesson. A vous, lecteur bénin, qui avez sans vous en douter contribué à l'impression du susdit volume, à vous libre et permis d'aller contempler dans les bibliothèques publiques, admirer au frontispice du livre en question les ruines d'un pot-de-nuit dans lequel ont peut-être pissé l'étonnant Alcibiade ou la séduisante Cléopâtre…..

Hhhuttt!…. Eh! allons donc, Gouvernement, mettez-moi vite à la demi-solde tous ces drôles, assez bornés pour s'imaginer qu'ils gagnent très légitimement, très honorablement les cinq ou six mille francs dont vous les abecquez si complaisamment, que vous leur ingurgitez si inconsidérément (*).

Eh hhutt !... rabaissez-moi donc un peu ces ridicules explorateurs de vieille poterie, de magots plus ou moins antiques. C'est nous, les travailleurs, c'est nous le pauvre peuple, c'est nous les utiles obscurités, qui payons les pots cassés.

Otez, Gouvernement ! ôtez trois ou quatre mille francs... à M. R. R. entre mille, et les distribuez sur sept ou huit pauvres employés de la poste, et mieux encore sur des instituteurs primaires et des curés de village... j'allais dire une sottise, j'allais dire *incomparablement plus utiles*, comme s'il y avait lieu à l'ombre même d'une comparaison entre un maître d'école, entre un ministre de l'Evangile et nos savantasses !

Quant à vous, M. R. R., persuadez-vous bien que, lors même que vous serez descendu à quinze cents ou deux mille francs, vous devrez encore des égards, des procédés aux pauvres diables de *lettrés*, chinois ou non, qui envieront votre sort et vous feront l'honneur de vous consulter.

(*) Avoir accepté la rude tâche de débiter, à grands frais de... à grands coups de

zinn ! zinn !   baounn ! baounn !

l'orviétan archéologique pendant plusieurs mois de l'année, tous les mardis, une heure durant, et ne recevoir pour cela que cinq ou six mille francs, le logement, etc... le pauvre homme ! *dignus, digna,* digne homme !— Le *Moniteur parisien* veut que nous rendions grâces au savant professeur de ce que, etc. : moi, au contraire, j'engagerai le savant professeur à remercier le bénévole auditoire, condition *sine quâ non* de son confortable professorat. — J'ai, sans scrupule, d'après le Moniteur parisien, dit deux fois : *le savant professeur* : c'est que, par exemple, personne ne sait mieux que M. R. R... que *sexcenti* signifie SIX CENTS, et non pas MILLE..... *rarus, rara,* rare homme !

Soyons juste, réparons un oubli : M. R. R. n'est pas seulement professeur, il est aussi CONSERVATEUR, et ceci va établir une certaine différence, quant au *prix de revient* des leçons, entre son cours et le *cours à trois cents francs l'heure* (de M. Villemain), comme disait l'inexorable *Némésis*. Je ne m'enquiers pas si M. R. R., comme dit encore *Némésis*, parlant au grand Cousin,

          professe un cours public que le public évite.

Il me suffit pour le moment de constater que M. R. R. est tout à la fois et professeur et CONSERVATEUR. Oui, il *conserve:* il a, pour sa quote-part, *conservé* à la science historique les précieux lingots pêchés dans la Seine il y a quelques années; il nous *conservera* plus fidèlement encore le restant des Césars, moyennant les belles et bonnes croisées à barreaux dont les a gratifiés le CONSERVATOIRE. — O le sale ! ô le vilain proverbe qui ose bien s'offrir à ma plume pudibonde : *serrer les,.... quand on a,...*

D. O. M.

CORNELIO KILIANO DUFFLÆO,

CNSTANTIS LABORIS ET PERENNIS INDUSTRIÆ LAUDE ORNATO VIRO,

L. ANNOS PLANTINI TYPOGRAPHIÆ CURAM GESSIT:

QUAM FIDELITER, PERITE, DOCTE,

IPSOS ROGATE LIBROS,

ELEGANTIA, NITORE, FAMA, ÆTERNÆ ARTIS. PRIMOS.

NEC ALIENOS SEMPER TRACTAVIT; CUM ET SUOS RELIQUERIT,

LATINA ORATIONE DISERTUS, VERSIFICATIONE FELIX;

PATRIAM QUOQUE ELOQUENTIAM EXCOLUIT,

CULTUMQUE EJUS ET PROPRIETATEM REVOCAVIT.

OBIIT ÆTATE OPERIBUSQUE GRAVIS, A. M DC VII, IPSO PASCHATIS DIE.

letin des lois... de la langue française, au Dictionnaire de l'Académie , une bévue héraldique (1).— Tant il est vrai, comme disent,

1.   N. (le nom m'échappe, mais je garantis la citation) , qu'*un correcteur doit être un homme instruit ;*

2.   FURETIÈRE , que *l'avantage d'un livre, c'est de passer par les mains d'un bon correcteur ;*

3.   TRÉVOUX, que *l'avantage d'un livre, c'est de passer par les mains d'un bon correcteur ;*

4.   L'ENCYCLOPÉDIE enfin , que *rien n'est si rare qu'un bon correcteur.*

V. *Rara* donc, *rara avis in terris, nigroque simillima cycno...* Ce ne sera pas sans doute divaguer, sortir du sujet de ce chapitre, que de méditer un peu sur les *moyens*, non pas de trouver l'introuvable merveille rêvée par tel imprimeur, mais de rencontrer un correcteur passable. Quant au chevalier sans peur et *sans reproche* de la lecture épanorthôtique, le bon , l'excellent, le parfait correcteur, je croirai qu'il existe ou qu'il a existé, quand on me montrera, non point un livre qui , comme le magnifique et très correct Virgile de P. Didot, ait la confiance de se proclamer *sine mendâ* , mais bien une édition véritablement sans faute et *sans reproche.*

En l'an de grâce 1828 , un obscur prédécesseur du grand M. Lebrun se prit un jour à penser que la voie du concours, suspecte, en matière d'art et de goût, à un docte archéologue (2), pourrait fort bien n'être pas absolument impropre à faire arriver à l'Imprimerie Royale, sinon le correcteur le plus distingué de Paris, au moins un correcteur passable.

Si M. de Villebois, qui m'était alors aussi parfaitement inconnu que je l'étais à lui-même, eût pu me faire l'honneur de me consulter à cet égard, je n'eusse pas manqué, à part tout intérêt personnel, de partager entièrement et d'appuyer son avis. J'étais déjà à cette époque assez avancé en typographie pour comprendre qu'il n'y a rien de moins idéal, de moins fantastique, de moins vaporeux qu'un bourdon ou un doublon; rien de positif, de prosaïque, de plat comme une coquille ; rien d'aussi étranger au génie qu'un mot transposé ; rien de saisissable à l'égal d'une lettre retournée, gâtée ou empâtée ; rien , enfin et par conséquent, de plus facile à compter, peser, tarifer, évaluer, que le talent épanorthôtique, ou plutôt l'aptitude à corriger. Je l'eusse dit, et j'aurais ajouté : « Quel sera donc le *criterium* du correcteur, si ce n'est pas la correction? Pourquoi une épreuve, une épreuve chargée *ex industriâ* (3), une épreuve en trois ou quatre langues, ne serait-elle pas le canevas d'un concours, tout aussi bien, et mieux encore, qu'un thème ou une version, une pièce de vers ou une amplification? Car si on *compte* aux écoliers, si on leur pèse les barbarismes, les solécismes et les fautes de quantité, il n'est pas à beaucoup près aussi facile de pondérer le goût, l'élégance, l'invention qu'on trouve ou qu'on ne trouve pas dans leurs compositions (4). Mais en fait de correction, quel diable

_____

(1) Je n'effacerai point ce que j'ai écrit, mais. . . .

laugh where we must, be candid where we can. — POPE.

mais il serait malhonnête, odieux, de laisser le moins du monde peser sur le dos des Quarante le soupçon d'une bévue, d'une sottise dont ils n'ont pu mais. Ma perfide mémoire me disait bien que l'erreur en question était au mot *coupé*, mais elle me laissait méchamment ignorer qu'elle appartînt au substantiel Pan-Lexique de Boiste..... Tant pis alors pour Boiste ! tant pis pour son imprimeur et son correcteur! — « COUPÉ, terme de blason, *partition de l'écu en quatre.* » Il fallait dire, définir ainsi : « COUPÉ, t. de bl., se dit d'un écu *divisé horizontalement en deux parties à peu près égales,* » et non point, comme l'Académie, qui ne définit aucunement : « En termes de blason, *coupé, parti, tranché,* etc. » Au reste, ces messieurs ont fait moins mal, ont pris leur revanche aux mots *parti, tranché* et *taillé,* sauf pourtant l'omission de *à peu près.*

(3) Voir ci-après, p. 44, la note (3) empruntée aux *Études* de M. Crapelet.

(4) Je ne saurais oublier *obliviscetis...* qui ne m'a point empêché jadis, au lycée de Reims,

de goût, quelle sorte d'élégance prétendriez-vous demander? Quelle espèce d'invention voudriez-vous attendre d'un lecteur d'épreuves?... De l'invention?.... mais oui vraiment il lui en faut, et beaucoup. Ne faut-il pas qu'il trouve toutes ou presque toutes les.... j'allais dire encore une fois les *coquilles* : mais tâchons donc de varier un peu notre style, de l'élever, de le... poétiser, comme dirait quelqu'un qui se ficherait de l'Académie. Moi je n'ai garde : je sais trop bien que *tel et tel* peuvent POÉTISER (faire de pauvres vers), mais qu'on ne saurait guère *poétiser tel et tel sujet.* Je dis donc : Tâchons de mettre dans nos divagations épanorthótiques un grain de poésie; empruntons, à défaut de notre propre fonds, empruntons à un poète dont la réputation a fait son temps, mais dont il n'est pas défendu de s'amuser en 1840; éliminons l'ignoble mot dont la chose, hélas! nous échappe si souvent, à nous autres, infortunés correcteurs de toute classe, et disons avec M. de MAR-BEUF, en continuant notre plaidoyer supposé en faveur du concours correctionnel, affirmons qu'il faut de l'invention, surtout au liseur d'une épreuve de concours, puisqu'il doit chercher, puisqu'il lui est enjoint de trouver à peu près tous

les badinages de Nérée
et les affiquets des Tritons.(1)

dont on aura surchargé ledit papier, orné l'épousée en question (2).

Je ne fus point consulté, et pourtant le concours eut lieu. Je sais d'assez bonne part ce qui s'y passa. Un tel, qui depuis lors m'a fait beaucoup de mal.... par bêtise? — Non, le mot est trop incivil. — Par bonhomie? — Mais non! est-ce qu'on peut faire du mal avec bonhomie? Je dirai qu'un certain typographe, qui depuis lors m'a fait beaucoup de mal probablement sans s'en douter, me parla de la parfaite *loyauté* de ce concours. Je le crus facilement : D. avait vu de près la manigance, et d'ailleurs je ne comprenais pas bien alors comment la fraude eût pu intervenir; je le crus d'autant plus volontiers que le vainqueur était fort de mes amis. Mais un autre typographe ne tarda pas à venir me contrister : il ne concevait pas, lui, que la palme n'eût point été adjugée à quelqu'un de sa connaissance, non pas pourtant au correcteur le plus distingué de Paris (celui-ci avait manqué à l'appel), mais à quelque autre dont je n'ai jamais su le nom. Ce malencontreux typographe (que Dieu bénisse! car il s'agit d'un prote qui m'a toujours voulu beaucoup de bien, et qui l'a prouvé notamment en ne me laissant guère caler), M. Mn., eut bien le front d'alléguer contre mon ami, en faveur du sien, cette raison des *considérations particulières* qui depuis cette époque, il est vrai, au moins on le dit, a joué assez souvent un assez grand rôle à l'I. R....

Pénétre qui pourra ce mystère profond,

voici en raccourci les circonstances du grand et superbe concours de 1828, qui n'a jamais eu, que je sache, son pareil, ni avant ni depuis, qui fut annoncé à l'avance dans les journaux, et dont le résultat fut, par les soins dudit D., consigné dans le *Moniteur* du 27 octobre 1828, comme susceptible d'intéresser MM. les imprimeurs de Paris.—Voir ci-après, p. 60, note 4.

Je réponds des détails que je vais donner : je les tiens de Nicolas (mon ami) et autres concurrens. L'épreuve du concours m'a été communiquée, je l'ai examinée

d'obtenir un premier prix. Mon thème, mis au rebut par un des juges, fut heureusement exhumé par un autre professeur, qui avait eu la curiosité, la charitable pensée de visiter les condamnés.— Je me rappelle à ce propos *recollexit*, qui n'a pas laissé que de permettre au grand M. Cousin de faire agréablement son petit chemin, d'arriver à tout : fortune, académie, pairie, ministère, etc., etc.; mais ce qui est bien plus fort, bien plus extraordinaire: réputation de philosophe accompli.... sauf un tant soit peu de *chevalerie*, parce que, dit *le National* (vers l'époque du 1er mars 1840), parce que M. Cousin a eu le malheur de naître dans le mois du *cheval.*

(1) Dict. de Trévoux, *Suppl.* v. COQUILLE.

(2) « Lorsqu'une place de correcteur est vacante à l'I. R., il est ouvert un concours...... Les épreuves sur lesquelles les concurrens sont appelés à s'exercer sont criblées de fautes de toute nature. Ces épreuves contiennent de la prose et des vers, en français et en latin; quelques passages en grec, et des notes. Les dispositions typographiques y sont des plus défectueuses; enfin, l'œuvre vicieuse réunit dans son ensemble toutes les difficultés à vaincre dans la correction. » — M. CRAP., *Etudes typ.*, p. 204.

tout à loisir, et certes il n'y manquait ni *les badinages de Nérée*, ni *les afféquets des tritons*. — Les solécismes, les barbarismes... c'était une bénédiction ! — Et l'*OEil typographique* donc ?... ah ! comme il a dû souffrir chez ceux des dix-neuf athlètes qui l'ont possédé tant soit peu exercé ! Bref, ces vingt pages in-4° (1) n'étaient ni plus ni moins que les étables d'Augias, et je me suis laissé dire que pour les nettoyer tant bien que mal, ce n'était pas trop de l'Alphée d'une assez large érudition, conduit d'une main tant soit peu typographique. Quelqu'un (2) qui s'y connaît ajoutait : « Mais quand on serait un Hercule, encore est-il qu'on ne saurait empêcher une certaine odeur d'erratique fumier de survivre à cette rude et louable besogne ! »

Je conçois fort bien qu'un des aspirans les moins favorisés du sort ait, parlant à Nicolas, témoigné d'un extrême mécontentement. Selon lui, il n'y avait pas de bon sens de donner à corriger une pareille épreuve ; au moins, on n'eût point dû leur défendre expressément d'apporter avec eux chacun leur petite bibliothèque. Que n'accordait-on aussi huit jours au lieu de six heures ? Mais on avait décidé que la célérité du travail, sans être une condition exprimée au programme, entrerait en ligne de compte. On voulut bien attendre jusqu'à cinq heures quelques traînards ; deux ou trois avaient expédié avant l'heure de none : ils avaient couru, ceux-là, mais non point couru comme saint Paul veut qu'on coure, *courir de manière à attraper*, οὕτω τρέχετε ἵνα καταλάβητε (I *Cor.* IX, 24) : « Ne savez-vous pas que, quand on court dans la lice, tous courent, mais qu'un seul remporte le prix ? Courez donc de telle sorte que vous remportiez le prix. » L'heureux coureur, lui, ne cessa de courir qu'à trois heures dix minutes, et néanmoins M. Crapelet a bien voulu lui en faire son compliment, *admirer tant de fautes relevées en si peu de temps.*

Huit jours après cette monstrueuse épreuve, les dix-neuf amateurs furent de nouveau réunis ; réunis sous les yeux de l'administrateur, qui déclara que six ou sept seulement avaient mérité une mention honorable : LAURENT, NICOLAS, HÉLYOT, BORDIER, etc., et qu'entre les élus, Nicolas était jugé le moins mauvais, attendu qu'on avait cru lui reconnaître quelques degrés d'*invention* de plus qu'à pas un autre. M. de Villebois avait commencé par dire, qu'il y avait lieu de s'étonner que plusieurs eussent osé se présenter sans savoir apparemment aucune autre langue que le français, puisqu'ils avaient sauté à pieds joints par-dessus le grec et le latin de l'épreuve.

Moi j'ajouterai qu'on eût pu rappeler, à l'occasion de ces insuffisans, le vers

postulat ut capiat, quæ non intelligit, arma

d'un admirable morceau d'Ovide, *le différend d'Ulysse et d'Ajax au sujet des armes d'Achille.*

Les armes d'Achille ?... les armes d'Achille !... ont-elles jamais existé à l'Imprimerie Royale ?

Incedo per ignes...., je le sais, et sans doute la noirceur de mon âme va se trahir tout entière.... et qui *oserait* désormais

me peindre honnête et doux.... enfin tel que je suis ? — BÉRANGER, 1785.

Mais non.. et ce qui tendrait à prouver que je ne suis pas un aussi mauvais drôle qu'on pourrait bien le soupçonner, c'est que tout récemment encore j'ai défendu contre les dénigrations de P. l'orthographe (française) de A., et les vers louangeurs de B. contre les malicieuses critiques de L. Non, dis-je : l'intérêt de la vérité, les droits de mon malheureux ami, l'honneur même des lettres me justifient assez. — Quant à Nicolas, si je devais le voir un jour se départir de ces précieuses qualités de *douceur* et d'*honnêteté*, cent fois préférables au savoir le plus étendu, le plus complet, oh ! je suis sûr de le faire à l'instant rentrer en lui-même en lui mettant sous les yeux les lignes ci-après, en lui recommandant la mémoire de son

(1) En voir un échantillon dans les intéressantes *Études* de M. CRAPELET, p. 207.

(2) « P. Chabaille, correcteur de mon imprimerie, et l'un des plus habiles de Paris. » *Études*, 14.

excellent père ; en l'avertissant, si quelque chose des inclinations bénédictines de Jean-Baptiste C. a passé dans son sang, de s'évertuer à ne point déroger quant au reste ; à ne point mériter qu'en énumérant ses *tristia facta* ou *tristia fata*, on ait à lancer contre lui les mots suivans du brutal enfant d'Achille : *Degeneremque Neoptolemum*, adressés au vénérable et infortuné Priam.

« Je soussigné certifie que le nommé Jean-Baptiste C., de Dun-sur-Meuse, âgé de dix-huit ans..., est resté pendant treize mois dans l'abbaye de Saint-Urbain, ordre de saint Benoît..., qu'il s'y est toujours comporté en honnête homme, ayant rempli ses devoirs de novice avec la plus grande exactitude ; et que c'est malgré nous tous qu'il nous a quittés, pour retourner dans sa famille, où je sais qu'il n'est pas moins chéri qu'il ne l'était dans le cloître. En foi de quoi... — D. Henry BALON, prieur de l'abb. de Saint Urbain. »

« *Ego infrà scriptus, omnibus notum facio et attestor Joannem-Baptistam Cerarium, qui tredecim mensibus mansit in abbatiâ sancti Urbani, ord. S. Bened., congr. SS. Vitoni et Hyd., sponte suâ discessisse, et semper ibi, non solùm optimos mores, sed etiam summum studii et officiorum amorem monstrasse : ità ut tàm superiorum quàm confratrum existimationem amicitiamque sibi conciliârit et sui desiderium reliquerit.* — D. ROSSIGNOL, *philosophiæ professor.* »

Après les susdites précautions oratoires j'arrive à publier effrontément que jamais, non jamais depuis 1828, l'Imprimerie Royale n'a possédé les armes, les *moyens*, la personne d'Achille. Je le dis, nonobstant avis contraire des *Annales de la Typographie*, 1re année, n. 1er, note 2 de la page 2, 2e col. ; je l'affirme à la barbe de tous les protes, sous-protes, contrôleurs des impressions et autres personnages, qui n'ont jamais cessé d'exalter, aux dépens de mes amis Laurent et Nicolas, de porter aux nues un mérite, deux mérites.... qu'ils n'étaient pas plus capables d'apprécier que je ne me sens d'aptitude ou d'inclination à vérifier leurs livres de banque et juger leurs écritures en partie double.

Nicolas, je le sais, eût donné beaucoup pour que cette tourbe ignorante... l'adjectif est dur ? le substantif n'est pas flatteur?... Eh bien ! mon ami eût donné beaucoup pour que cette multitude illettrée (1) ne le forçât point à troubler la cendre des morts ; ce n'était qu'avec une extrême répugnance et à son corps défendant qu'il écrivait dès 1835 à M. Lebrun : «Sous le rapport de l'assiduité, on n'a pas craint de nous opposer nos respectables prédécesseurs : je crois pouvoir avancer, sans blesser aucunement la mémoire de MM. Demange et Beaufils, que , mieux informé. on se fût contenté de louer démesurément leur vieille capacité au détriment de nos modestes facultés (2). »

VI. N'ayant pu encore me donner le plaisir de lire les *Etudes typographiques* (3) de M. Crapelet, j'ignore quel peut être son avis, je ne dis pas sur ce con-

_____

(1) « *Doctorum indoctissimorum multitudo atque arrogantia.* » — *Fusa iterùm* CAMPANA, Rom., 1495.

(2) Nicolas avait assez mal corrigé le grec du concours : peu de temps après son entrée à l'I. R., il alla ingénument, ayant en main ces dix lignes d'Isocrate et de Plutarque, trouver son honorable collègue de première classe, son ancien, M. Demange, et lui fit confidentiellement l'humble aveu de son ignorance, en lui demandant le *corrigé* du texte grec. M. Demange eut l'honnêteté, la franchise de répondre par un aveu pareil : « Notre thème était fait, » ajouta-t-il.— Quelques années après , lorsque mon studieux ami commençait à comprendre un peu moins mal la langue d'Homère, à en entendre mieux l'accentuation, dont ses maîtres, au lycée de Reims, ne lui avaient jamais dit un mot, il exprima sur une feuille des *Mémoires de l'Acad. des Inscr. et B.-L.*, à propos d'un verbe grec, quelques doutes, auxquels M. Letronne eut l'obligeance de répondre, non point précisément comme dans les adorables *Femmes savantes*,

PHILAMINTE, *à Bélise.*

Du grec?... ô ciel ! du grec ! Il sait du grec, ma sœur !

BÉLISE, *à Armande.*

Ah! ma nièce, du grec !

ARMANDE.

Du grec? quelle douceur !

PHILAMINTE.

Quoi ! monsieur sait du grec?

mais en ces termes : « .... Je remercie de l'observation : elle prouve la connaissance du grec. » — Savoir un peu de grec..... était-ce donc, en 1828, un fruit si nouveau à l'I. R. ?

(3) Le savant auteur de cet intéressant premier volume, dont bien à regret j'ajourne indé-

cours, sur cette *épreuve* de 1828, dont il a inséré une page dans son livre, mais sur le concours épanorthotique en général. Toutefois j'ai lieu de penser (voyez sa *lettre* et son *dire*, p. 37 et 45) qu'il est

a) de l'avis de M. de Villebois et du mien;

b) de l'avis de M. Delalain (Auguste), qui m'écrivait, le 10 janvier 1835 :

« Monsieur, j'ai examiné votre épreuve du lexique (grec-français) : je l'ai com-

---

finiment l'utile lecture, pour rester *dégagé*, non pas d'*instruction*, mais de réminiscences, M. Crapelet, dans la *Table* alphabético-analytique qu'il en avait publiée à part, parle d'un Projet d'*Académie typographique* à l'Imprimerie Royale, d'une espèce d'école normale de la correction sans doute, ou pépinière de correcteurs.... Et, en effet : car je n'ai point été assez niais pour résister plus long-temps à la tentation de voir dans l'ouvrage même au moins ce qui concerne mon imprimerie, notre royale imprimerie, en effet, dis-je, je lis, p. 204, *école de correcteurs*. — P. 196 : « Il semble que les remèdes efficaces pour réduire, sinon pour faire disparaître entièrement cette véritable plaie de l'imprimerie (l'incorrection), on pourrait les trouver dans l'I. R., dont l'établissement et la conservation sont dus à la sollicitude de nos rois pour maintenir la suprématie de l'imprimerie française en Europe. Mais combien cette imprimerie est loin de répondre, etc. »

Si l'objet spécial de cette note n'était de faire connaître l'opinion du docte imprimeur sur la mesure administrative qui m'avait fait enfant de l'Imprimerie Royale, j'essaierais dès ce moment de *répondre*... Mais voyons, s'il y a moyen, ce que pense... Une fâcheuse réminiscence de P.-L. Courier m'allait faire commettre une impertinence : je m'arrête à temps, laissant la méchanceté du pamphlétaire sur le dos exclusivement des *courtisans* qui se la sont attirée. Nous n'avons, nous autres, qu'à jeter un coup-d'œil sur le frontispice des *Études* pour ne douter pas un instant que leur auteur ne *pense* réellement... mais, encore un coup, sachons ce que pense M. Crapelet, enquérons-nous de ce qu'il pense quant à la valeur, quant à la sûreté du *moyen* en question.

P. 204 : « Lorsqu'une place de correcteur est vacante à l'I. R., il est ouvert un concours..... » — Est-ce donc (car, à ma connaissance, on a bien *pratiqué* ou simulé plusieurs concours, mais on n'en a *ouvert* qu'un seul), est-ce qu'en effet l'Imprimerie Royale posséderait dans le sanctuaire de ses archives certains réglemens, dont j'avais déjà entendu parler et dont plusieurs fois j'ai désiré connaître la teneur?... Je crois volontiers à la sagesse de ces réglemens, moins parce qu'ils seraient anciens, que parce qu'ils seraient antérieurs à certaines soi-disant *règles* soi-disant *établies* ibidem : règles essentiellement exceptionnelles (*), qui m'ont paru un peu dures, à moi, à moi l'indisciplinable.

Il m'est revenu qu'un article de cette vieille *règle*, trop peu solidement *établie*, portait : que, « en outre du latin et du grec, il faudrait posséder? savoir? ou connaître? une au moins des langues vivantes, pour être admis à un emploi de première classe »... par concours, je suppose. Je dois m'exprimer dubitativement, puisque je ne saurais parler que sur ouï-dire. Et d'ailleurs, comment ne pas se défier de la voie du concours, quand on réfléchit qu'*un homme s'est rencontré, d'une profondeur d'esprit incroyable*, courtisan *raffiné* autant qu'*habile politique; capable de tout ôter et de tout refuser*..., qui m'a fait l'honneur de me dire à moi, triste lauréat en effet, que « le concours! le concours! » n'est pas le Pérou; qui m'a fait entendre, dans le même gracieux entretien, qu'il avait su, lui, n'importe comment, découvrir, amener sur les terres de sa seigneurie administrative et dresser, sur la base veuve d'un phénix, le correcteur le plus distingué de Paris.

Par Guttemberg! arrivons à l'opinion de M. Crapelet : « Lorsqu'une place de correcteur est vacante à l'I. R., il est ouvert un concours, qui doit en effet procurer à cet établissement les sujets les plus habiles, ou du moins...»—Assez !... je comprends l'honorable typographe, autant du moins qu'il est donné, qu'il est possible de le comprendre. Dispensez-moi de vous transcrire les dernières lignes de ce remarquable passage. Que n'allez-vous les demander à la librairie d'Armand Cluzel ou P. Dufart, *quai Malaquais*, n° 7? ■ Achetez ou n'achetez pas, mais lisez, je vous prie, et me dites s'il ne vous aura pas semblé trouver ici l'équivalent de ce jovial axiome : *Celui qui corrige le mieux, n'est pas le meilleur correcteur;* ou, en d'autres termes : *Celui qui s'est trouvé corriger le moins mal, n'a pas corrigé le mieux;* ou encore et enfin : *Celui qui a corrigé le moins mal, n'a pas corrigé le moins mal.*

Ayant satisfait à l'objet principal de ma note, à savoir, de faire connaître l'opinion du grand typographe quant au concours épanorthotique, il semble que je puisse m'occuper de *répondre*... Un scrupule m'arrête : la crainte de continuer à mériter de plus belle le reproche que mes notes sont interminables.—Si l'on m'attaque avec cette arme, je me retrancherai derrière les petites *Études* de M. Crapelet et le grand Dictionnaire de Bayle, et de là je narguerai, ou plutôt je m'efforcerai d'intéresser, d'amuser, d'instruire mon lecteur.

Qu'on veuille bien se reporter à ma page 47, l. 10 de la note, à la 296 des *Études* : « ... Mais combien cette imprimerie (royale) est loin de répondre, etc. »

Inde iræ..... voilà l'origine de ma pique, au moins pour une partie, et la matière assez plausible d'une petite discussion... discussion dont, hélas ! je ne me sens pas capable pour le moment, et à laquelle je suppléerai, vaille que vaille, par un argument *ab homine*, dont

---

(*) *Pathémate*, p. *theth* du manuscrit.

parée avec celle de la personne qui a l'habitude de lire ces sortes d'ouvrages, et j'ai trouvé que votre épreuve gagnait à la comparaison.... La manière dont

mon chapitre II du présent *Essai* m'offre pour une moitié l'étoffe toute confectionnée; l'autre moitié, je l'attends d'un nouveau coup d'œil jeté sur les *Etudes*.

Argument *ab homine*, c'est-à-dire que je prétends servir selon mon petit pouvoir, je n'oserais dire l'Imprimerie Royale, mais au moins mon déplorable ami Nicolas, atténuer le coup à lui porté par l'amphigourique et quelque peu hostile avis de M. Crapelet sur le concours...

— Et comment servir? — En infirmant notablement l'autorité du maître imprimeur.

Et comment décréditer la respectable autorité d'un homme « amoureux de son art, toujours désireux de bien faire, de mieux faire que la majeure partie de ses confrères... ce qui n'est pas difficile », ajoute le *Journal spécial de la typographie* (15 juin 1838). — Comment? en donnant un aperçu du... mais Larochefoucauld m'arrête tout court, et me défend de parler mal de ce quelque chose à soi, dont personne n'a le courage de médire, et que ne saurait remplacer la mémoire. Je me borne donc à annoncer que je vais m'occuper un peu du style de M. Crapelet, un peu de son talent pour la traduction, très peu de ses *pensées*, et beaucoup de ses *moyens* quant à la correction, dans tout ce qui n'est point langue française, et encore! ou bien langue d'Oc ou d'Oïl, et encore!... s'il en faut croire l'abbé Mastigophorus.— Quant à ce je ne sais quoi de Larochefoucauld (LXXXIX), on jugera par un naïf exposé sans titre, jusqu'à quel point M. Crapelet est doué d'une précieuse faculté sans laquelle

le beau tout qu'on appelle un homme intelligent (*)

laisse toujours beaucoup à désirer.

Ouvrez ce livre dont tout est si beau, papier, caractère, et surtout les pensées, les pensées du frontispice, à la propriété desquelles paraît tenir beaucoup leur auteur (p. 46, n. 1). Admirez à la p. 134, *un longue chaîne de tourmens*.....

— Mais est-il croyable qu'une seule page et surtout une page française de ce précieux volume manque de cette *correction rigoureuse et remarquable* dont l'infortuné Charles, père de George, se préoccupa si fort pour son Télémaque? Quoi? la *bonne feuille* un LONGUE du fils n'est plus une bonne feuille que n'avait été, jusqu'à l'époque du carton réparateur, la *bonne feuille* PALÉNOPE du père? —Il est trop vrai, et l'on prétend avoir observé dans les *Etudes*, bien d'autres drôleries... *Jeanne d'Albert*, etc. J'ai peine à le croire, et ne veux parler que de ce que j'aurai vu et touché. Je crois volontiers d'ailleurs aux *accidens de presse*, ou plutôt aux accidens *typographiques* (**), et je n'admettrai point que ce volume ne soit qu'un *longue chapelet de coquilles*. Comme aussi je crois fermement qu'en son temps l'estimable compagnon, Charles Crapelet, notamment pour son *Télémaque*, a bien mérité de l'art typographique, et glorieusement conquis le *collier de l'ordre* (conchyliolâtrique), l'équitable postérité ne manquera pas de ratifier mon jugement... Collier d'un ordre institué de mon autorité privée, lequel ordre, sauf meilleur avis, aura pour devise le *Prettium*, etc. de la Toison d'or, nonobstant le respect dû à la propriété héraldique comme à toutes les sortes de propriété: littéraire, bureaucratique, etc., etc.

(*) MORPURGO, *Education des Idiots*, p. 135.

(**) Ils ont joué un très grand rôle dans cette impression, témoin ces lignes: «... Le premier volume de mon livre a été annoncé dans le journal de la librairie de samedi dernier, où l'on a imprimé: *Etudes*... sur la Tipographie, et déjà plusieurs demandes faites d'après ce journal ont été écrites avec cette orthographe *tipographie*. C'est vraiment quelque chose de *fatalistique*; car, en outre, jamais il ne s'est présenté dans un livre un peu soigné, plus d'*accidens de presse* que dans ce premier volume. Des lettres tombées ou écartées.... transposition d'apostrophe à un mot où aucune correction n'avait eu lieu, et autres agrémens de l'état... » — *Lettre de M. Crapelet*, cheval. de la Légion-d'Honneur, à Nicolaus Inhonorus, du 29 décembre 1837.

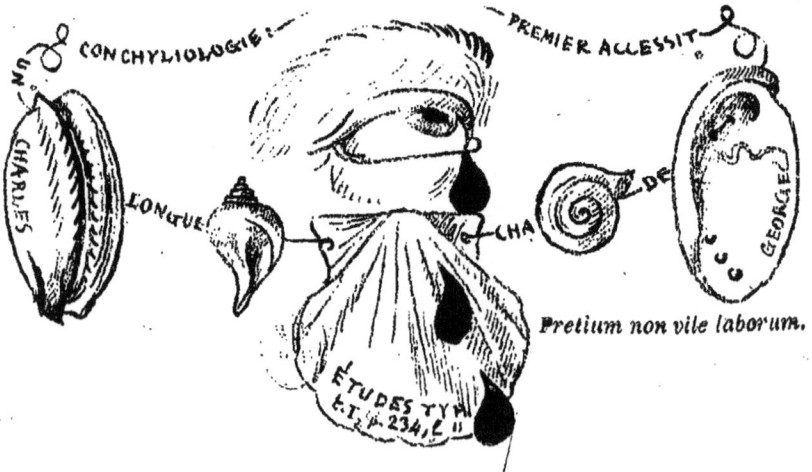

Pretium non vile laborum.

1. — Pour me consoler un peu d'un accident de presse (voy. bas de la p. 48 (**)) qui a nui prodigieusement à l'effet d'une espèce de gravure de ma façon, je m'avise de reproduire ici le squelette du cadre de ma couverture. Je me trouve réduit à exprimer en lettres, par des mots, ce

II. — qu'une touche un peu plus circonspecte, de la part des artistes du barreau, eût, laissé voir, en linéamens blancs, d'admirations : ! ! !
croix: ✳ ✝ ✳ ✝ ✝
...... Faute de distinguer sur le papier ces divers symboles, gravés, il est vrai, trop

IV.—Ci-dessus, à gauche, encore.
Quant aux coins du cadre, quant à ces huit écussons, remarquables armoiries du grand administrateur, jeune blason de M. Lebrun. comme ils viennent bien, comme on y lit distinctement LUCUBRATIONS, etc., il suffit d'en reproduire le contour. Mais je n'ai pas voulu que ces huit cartouches héraldiques fussent huit pages blanches, des armes blanches, palmd (inglorius) albâ, dit Virgile, qui, comme son moderne et harmonieux tira-

■ Prix, *huit* francs. — Envoyé, sur sa demande, à M. Crapelet, typographe assurément, un exemplaire du Pamphlet (*trois* francs), plus *cinq* francs et la lettre ci-après:

« Monsieur, — Si, au moment de recevoir de vos mains, peu de temps après sa publication, le premier volume de vos *Etudes*, j'eusse pu prévoir que je trouverais bientôt ou chercherais dans cet écrit la matière d'une critique vive, acharnée, insolente, virulente peut-être (*), bien certainement, tout en taisant le motif de mon refus, je me fusse abstenu d'accepter cet agréable cadeau; ou plutôt, à cause de l'étrangeté du refus et de la presque impossibilité d'en justifier pour le moment la convenance, j'aurais accepté, mais avec la secrète intention de racheter quelque jour un *droit* dont on ne se dépouille pas volontiers, ce *droit qu'à la porte on achète en entrant* (Art poét. III, 150).

Quelque singulière que puisse paraître ma restitution d'aujourd'hui, vous êtes assez judicieux, monsieur, pour en comprendre la nécessité, et vous n'imputerez point à une absurde fierté un sentiment naturellement inspiré par une certaine pudeur, par le sentiment des convenances.

Au reste, il est bien entendu que je n'effacerai, ni sur mon exemplaire de votre estimable ouvrage: *Observandissimi typographi donum*, ni sur la page 54 de mon incroyable opuscule les témoignages d'une reconnaissance qui vous demeure incontestablement acquise.

Je saisis volontiers, monsieur, cette occasion de me dire encore une fois avec sincérité

Votre très humble et dévoué serviteur.

CIRIER. »

P. S. —Qui ne connaît l'*ancre* des MANUCE, l'*arrosoir* de RIGAULT, le *compas* de PLANTIN, le *griffon* des GRYPHE, et

(*) Quelquefois erronée sans doute, au moins dans ce passage de mon Pamphlet, p. 57, l. 19 : « Oh! que l'auteur cité (M. F.),...... »
Hier, mon compagnon (de casse) attribuait, en plaisantant, soit! à un obscur correcteur de nos jours l'ouvrage d'un célèbre orientaliste, la traduction des *Mille et une Nuits*, c'est-à-dire qu'il confondait le XVIIe siècle avec le XIXe: moi j'ai pris 1764 pour 1825, le *Manuel typographique* de P. S. Fournier jeune pour un autre *Manuel*.....
Prenons-nous donc tous quatre par la main, M. Crapelet, M. F., l'estimable G. et moi, dansons en rond et chantons en chœur (air à faire, paroles d'un célèbre imprimeur):
Semper et ubiquè erramus, INFELICES TYPOGRAPHI !

III. — peu profondément sur le bois, on ne peut rien comprendre à la note quadrangulaire de la p. 4. — J'ai reconnu, avec peine aussi, qu'une ligne de cette note était illisible : heureusement, il m'est facile de la rétablir : « scripsi, et il a cru qu'un simple avis au lecteur pouvait suffire pour faire face à ce malheur.—

V. — *ducteur*, avait, lui aussi, étudié le blason. — J'ai donc prié mon compositeur, Henri Stemphilet, de faire entrer, malgré, dans cet enclos : ... la remarquable sentence de ce grand Meng-Tseu (doublure de Confucius) : *Tous les hommes ont la noblesse en eux*..... 8° *Il n'est point de noblesse où manque la*

ἀλλ' οὖ τὸ μέγα εὖ
ἐστι, τὸ δὲ εὖ μέγα.

surtout l'*olivier* des ESTIENNE, c'est-à-dire les **MARQUES** de quelques uns des plus fameux imprimeurs du temps passé ?

Quelques sommités typographiques de notre époque ont voulu faire revivre l'agréable et utile mode de ces *marques* qui font quelquefois reconnaître, à défaut d'autres renseignemens, l'imprimeur d'un bouquin, comme les armoiries d'une voiture, d'un meuble ou d'un volume en signalent le propriétaire, font lire très distinctement, à ceux qui se sont livrés à la stupide étude du blason, CRÉQUY, MONTMORENCY, SOUFFLOT, LEBRUN (Charles, 1618-1690)....

M. Crapelet a donc voulu avoir sa marque, il s'est arrogé un modeste ornement de nos parterres, les *pensées* (voir ses Etudes, p. 46, bas de la note).

Mais, par la faute, non point du lithographe, mais de l'auteur du pamphlet, qui a livré trop tard son autographie à l'impression, notre vignette eutrapelo-spoudæo-symbolique de la page 49 *vient* fort mal, c'est-à-dire que, notamment les légendes du cornet *penseur* sont peu ou point lisibles. — Lisez donc,

| En dedans : *Erat autem fœnum multum in loco.* — JEAN, VI, 10. | Or, il y avait en ce lieu beaucoup de foin. |
| En dehors : *Exsiccatum est fœnum, et cecidit flos : verbum autem Domini manet in æternum.* — ISAÏE, XL, 8. | L'herbe a séché, la fleur est tombée : mais la parole du Seigneur demeure éternellement. |

Est-il besoin de déclarer que ce *Post-Scriptum*, qu'il m'a convenu de placer ici, à la suite d'une copie de lettre, manquait sur l'original adressé au célèbre imprimeur ; et , en outre , que la traduction que je donne ici de quelques lignes de la Vulgate n'est pas à l'intention de M. Crapelet, qui cite Horace (*Etudes*, p. 221 : *optimus ille est qui minimis urgetur*) et le comprend peut-être beaucoup mieux que M. Lebrun (de l'Institut) ?

VI. — *vertu.* — Je me persuade que cette lecture sera utile aux nobles de la vieille roche, à ceux surtout qui auraient le malheur de n'offrir aujourd'hui pour vertus que des noms. — BOILEAU. Utile encore aux anoblis de notre temps, notamment à M. Lebrun ..., de l'Institut. — Quant à *l'étude du blason,* que, dans ma lettre à M. Crapelet, j'ai qualifiée *stupide*, voyez si l'homme n'est pas vraiment *un sujet merveil-*

VIII. — faire recevoir dans une collection de Manuels, sous le titre de *Manuel de l'amateur de blason,* entre le *Manuel de l'amateur d'huitres* et le *Manuel de l'amateur de truffes*.... Viande creuse, très creuse ! à droite et à gauche, et surtout au milieu, n'est-ce pas, public ?... Car je vous connaissais assez bien, avant qu'un bienveillant critique m'écrivît : «... Ma dernière observation sera que le blason, qui est une langue si riche, si variée, si amusante, est aussi une étude bien dédaignée...» — M. LOUIS PARIS, bibliothécaire à Reims.

Car je suis descendu, par mes
nobles aïeuls,
d'un doge de Venise ayant un
champ de gueules, avec un
fascé d'or et d'azur, un
chef pareil.
Un mien Barthélemy, mort à
Constantinople,
terrassé portrait sur son écu,
de Sinople.
Un aigle affrontant le soleil.
(BARTHÉLEMY à Dreux-Brézé, Némésis.)

Moi surtout qui si bien avec toi
sympathise,
moi qui dans le blason, cette
docte sottise,
ai porté tant de fois ma plume
en mon nom :
moi qui seul avec toi, dans la
France barbare,
puis encore expliquer par le
chef, ou la barre
les logogryphes de Chérin.

Chi fa onore a panni, i panni fanno onore a lui.

VII. — *leusement vain et ondoyant :* car j'ai moi-même, et sans que personne m'y contraignît, aimé, cultivé ce vaste champ de *doctes sottises :* témoin un mien volume inédit de LETTRES HÉRALDIQUES, avec cette épigraphe : *Nescio quid meditans nugarum, totus in illis.* — HORACE. — Lequel manuscrit pense à se

Aunque vistays a la mona de seda, mona se queda.

vous avez lu cette première feuille me donne un échantillon de vos soins et de vos connaissances dans cette partie : vous me permettrez donc de profiter d'une

---

I. *Un peu du* STYLE *de M. Crapelet.* — Voyez, au plus vite, pour vous en former une idée, p. 156, un des *collaborateurs de la bible ;*
p. 216, un tel qui *apprend les premières notions* de l'imprimerie ,
ailleurs, l'*éditeur d'une édition* de Boileau, etc.

II. *Un peu, très peu des* PENSÉES *de M. Crapelet.* — P. 186 des *Etudes*, il dit, d'après Zeltner : « On cite parmi les correcteurs de Froben, *Sig. Gelenius*, qui possédait plusieurs langues, outre le latin et le grec, et qui était doué d'une mémoire prodigieuse ; il vivait avec une grande sobriété. Il avait aussi une grande intelligence.. » Mais, ajoute de son propre fonds M. Crapelet : « si Gelenius possédait les principales qualités qui constituent le bon correcteur, il ne fut pas exempt des *défauts opposés* à ces mêmes qualités. » — Eh quoi ! l'austère Gelenius fut un ivrogne ? — Je ne le pense pas. — Cet homme si savant, si intelligent, était-il un âne, un idiot ? — Je ne le saurais croire. Au reste, ce n'est pas à moi, mais à l'auteur des *Etudes* qu'il faut demander compte de cette mystérieuse *opposition*.
P. 186 : « Aujourd'hui, fort heureusement pour les imprimeurs, on ne regarde pas de si près à ce qui touche les choses de l'autre monde ; mais on s'inquiète encore beaucoup trop de ce qu'ils font dans celui-ci. » — En tout temps on s'est occupé, on s'occupera beaucoup de l'un et de l'autre monde ; mais M. Crapelet, si malheureux *dans celui-ci* (*), M. Crapelet, qui n'est pas riche, il me l'a dit, M. Crapelet, affligé dès l'âge de vingt ans d'une imprimerie qui sans doute ne lui rapporte jamais ni argent ni considération, M. Crapelet a-t-il voulu nous donner à entendre qu'il appartient à la catégorie de ces âmes vulgaires signalées par un poète payen ,

ô *curvæ in terras animæ et cœlestium inanes !* — PERS.

et qu'il le faut compter parmi les mortels assez complètement infortunés pour ne pas croire aux compensations de l'avenir ?

III. *Un peu du talent de M. Crapelet pour la* TRADUCTION.
L'illustre Hornschuch, *honnête* correcteur, cité par Zeltner, avait dit : *Caveat probus corrector ne ex pruritu et ostentatione quid agat, et fortè in odium auctoris incurrat.* Vous et moi, pour peu que le mot *probus*, etc., nous eût été peu connu, nous eussions ouvert notre Noël, ou Boudot, bien autrement rococo, nous eussions trouvé HABILE à la suite de HONNÊTE : « *Probus artifex* (Plaut.), un bon ouvrier ; *probus parasitus* (Plaut.), parasite fieffé. » Nous eussions, en conséquence, traduit ainsi ou à peu près : « Un *bon* et *digne* correcteur se gardera bien de rien faire par une certaine *démangeaison* d'amour-propre et par ostentation, et par point se mettre mal avec son auteur... » Voici comment l'a entendu l'habile imprimeur : « un *honnête* correcteur doit bien prendre garde de s'attirer le mécontentement de l'auteur par *pique* ou par vanité. » Pour n'être pas trop long, je supprime à regret quelques lignes qui feraient connaître encore mieux l'allure tout à fait dégagée du traducteur, la *manière* à part de l'*honnête* imprimeur, fils d'un imprimeur non moins honnête (**).

IV. Enfin, *des grands* MOYENS *de M. Crapelet pour la correction* de ce qui n'est ni langue française , ni langue d'oc ou d'oïl. — Il y a long-temps qu'un grand imprimeur l'avait dit : il n'y a rien de comparable à la difficulté d'imprimer du grec. Vous en jugerez en apprenant qu'... imprimeur qui a écrit deux fois que la *correction est la plus belle parure des livres,* qu'un imprimeur comme M. Crapelet, en chargeant une page (217) de trois mots grecs, y met deux fautes... Le mince honneur d'avoir savamment défiguré un nom classique (Madame de SévignY) lavera-t-il bien cette petite infamie ?
P. 164, ἐπανορθῶτης, il y fallait ἐπανορθωτής. — M. Crapelet a voulu, sinon faire, du moins conserver cette faute, dont je l'avais averti près d'un an avant la publication de son

---

(*) « L'imprimerie n'est que misère ! Elle l'est, le fut, et le sera toujours (Lettre de M. Crapelet, 26 juin 1837). — Voyez les *Etudes*, p. 234 : « Je n'eus pas à choisir, je fus imprimeur, et j'étais à peine âgé de vingt ans. » .P. 279 . « Force me fut donc d'être imprimeur. » — Quelqu'un s'est permis d'écrire en marge de ce dernier passage, dans mon exemplaire : *Bien malade !* — P. 66 : « « ..... le peu d'estime que l'on fait aujourd'hui de la typographie et des typographes. » En marge, de la même main : *Que faut-il donc à M. Crapelet ?*

(**) M. Crapelet peut avoir ses raisons pour trouver (p. 64, note) *très pénible* la *traduction* du livre de Zeltner, mais moi qui ai lu en entier et avec plaisir, malgré sa prodigieuse incorrection, le *Théâtre* de *notre* biographe, j'affirme et maintiens que son style n'est pas aussi *inculte* que le dit son *traducteur* dans cette même note.

autre occasion, celle-ci n'étant qu'un essai. Je suis dans l'habitude de procé-
der ainsi, pour pouvoir me rendre compte du mérite de chacun..... »

premier volume. Il a eu grand tort : ἐπανορθῶτης accuse une ignorance complète des premiers élémens de l'accentuation.

Zeltner, parlant d'un petit traité du docte correcteur Hornschuch, avait dit : *titulum gerit*
ὁρθοτυπογραφίας, *sive Instructionis et Admonitionis...* M. Crapelet, supprimant comme de
juste *titulum gerit*, a eu le tort de copier fidèlement le reste et de mettre : « traité intitulé
ὁρθοτυπογραφίας, *sive Instructionis et admonitionis...* et le tort plus grand encore de laisser
cet étrange intitulé, de ne point effacer cette tache, malgré ma charitable admonition.

Je signalerai aussi *OpsopÆus, Melanchton*, deux misères, mais misères qui concourent à
persuader qu'on n'est pas fort sur les étymologies dans l'officine de M. Crapelet, que les
moyens grecs y sont tant soit peu exigus, et qu'en définitive, selon le dire ci-dessus mentionné du grand Manuce, c'est une fâcheuse et TRÈS FÂCHEUSE BESOGNE (*durissima provin-
cia*) que d'imprimer du grec.

J'arrive au triomphe du docte imprimeur, trois ou quatre pages, non pas de ce vilain
grec, si scabreux, mais de latin ; non point du latin de Perse ou de Plaute, mais du très innocent latin de Léon X et de François Ier.

P. 39, l. 19 : *typographiæ*, lisez *typographicæ*.

P. 90, l. 21... Eh! quoi? encore *typographiæ* pour *typographicæ*?

Ce *bis in idem*, convenez-en, soigneux typographe, ce *bis in idem* vaut bien le *tipographie* du Journal et des commis de la Librairie.

P. 102, l. 32, une troisième fois *tæ* pour *tcæ*!... Décidément relaps et coutumier du fait, *l'honnête* imprimeur! — Une consciencieuse incrédulité, qui ne peut que flatter M. Crapelet,
vient de me pousser à vérifier pour la troisième ou quatrième fois cette triple tache.. J'ai
cru reconnaître et je crois pouvoir affirmer que je ne me suis pas trompé, sinon que j'avais
attribué à la p. 102 ce qui appartient à la p. 100. — Remuer, trier des coquilles, est une
assez stupide, assez dégoûtante occupa-
tion pour qu'il soit permis de chercher
à l'égayer par une citation drôlette.
Voyez donc, je vous prie, le chapitre
BIDET du *Voyage sentimental* de ce
bon M. STERNE, doué vraiment d'un
excellent cœur, et dites-moi si le triple
tæ de M. Crapelet n'appelle pas le cres-
cendo d'exclamations du bon La Fléur :
Diable!
Peste!
F.....! si j'ai su deviner. « Grant me,
o ye powers which touch the tongue
with eloquence in distress! — Whatever
is my *cast*, grant me but decent words
to exclaim in, and I will give my nature
way. »

P. 66, l. 34, *studiorum* pour *studiosorum*.

P. 88, l. 22, *diligeretur* pour *deligeretur*.

P. 94, l. 26, *annum* pour *annuum* (*).

P. 100, l. 27, *quærimonia* pour *querimonia*.

P. 157, l. 20, *typographis* pour *typographits*.

P. 159, au bas, *pervenire* pour *provenire*.

P. 169, l. 12, *eternum* pour *æternum*.

P. 361 (table), « CAMPANUS. Voy. ANTONIUS. » Lisez : CAMPANUS (*Joann. Ant.*), évêque
de Teramo, etc., » comme à l'article ANTONIUS CAMPANUS, qu'il faut supprimer.

P. 364 (table, art. CONRAD), au lieu de *attribué* lisons *attribuée* : nous aurons de l'orthographe, mais non point encore du français.

P. 357 (table) : « *Axiome industriel* : Se conformer au goût et même au caprice de celui
qui paie, *devrait faire* quelquefois exception pour la fabrication des livres. » — M. Crapelet,
dans sa louable opposition à ce vil axiome, a voulu dire *devrait souffrir*.

Voyez à présent si, avec la meilleure volonté du monde, nous pourrions adresser au typographe de la rue de Vaugirard ce qui fut dit à *l'ombre de Boileau* :

Mais, censeur aux autres si rude,
pour toi quelle sévérité !
C'est de ta propre exactitude
que naissait ton autorité.

Non, sans doute ; et pour peu qu'on fût mal disposé, on ne manquerait pas de se mettre
à l'unisson du coquin de journal déjà cité, ou plutôt de M. P. qu'il copie, et de dire au

(*) M. Crapelet fait observer que « l'exécution typographique de cette feuille (le décret de
François Ier) est très correcte ; on voit que l'imprimeur y a apporté des soins tout parti-
culiers... qu'elle aura été imprimée avec une sorte de luxe pour être distribuée... aux amis
de l'imprimeur. » Mais que penser des *soins* du *réimprimeur*... ou *rimprimeur*, si mieux
vous aimez, car un annotateur de l'*Anti-Baillet* fait observer qu'*il faut dire*, non pas *réim-
primer*, mais *rimprimer*. —Eh! pourquoi pas?... comme *rappeler, ramener*, etc.

A Collés au bas de la
page 51 de
L'APPRENTIF
ADMINISTRATEUR *
en regard de
« supportables »

* Chez l'auteur, M. Cirier,
rue de Sèvres, n° 3.

Petit Problème
de
CRYPTOGRAPHIE
TYPOTHÉTIQUE,
❋ n° 1. ❋

Énigme offerte à MM.
les compositeurs, qui
sont priés d'en donner
le mot aux profanes,
en couchant au verso
de la présente carte
la traduction de cet
étrange baluchon,
de cette mystérieuse
complainte.

M.C. — 40, 7, 8. ❋

85		243	27	36, 140, 182, 147		23					
	2, 30, 94, 134, 138, 176, 180			31 95 195 139 177 181	86 103 240						
32, 136 173		24 93 98 64 137 142 179	28 59 143			184					
											54 62 223 271
											87 209
		37 141 185 91	80								
89		49, 57 112 218 226	75 200	92 160	20 65 82 99 106 118 123 117 134 131 170 178 195			26		230 241	
		110	70 96 153 172		201	4 6 15 21 52 62 78 85 108 110 111 132 149 157 174 192 199 207 221 229		198 241	48 56 217 225		247
9 19 50 51 128 219 227	11 82		8 69 73 94 115 149 147 152 153 159 166 190 202 205	67 76 86 197		7 12 72 77 104 109 114 116 121 148 164 191	108 194	145 149 163			1 69 102 166 232
66	98 105 126 130 162 169		9 14 74 99 156 106 158 196 198 206	7 10 16 18 22 29 47 53 55 67 79 95 107 117 144 153 146 130 158 167 171 175 189 195 216 224 201 165 249 162 253	52 59 83 125 161 104 214 228	13 71 122 165	40 41 42 43 44 45 46 111 185 210 215 241 244 255	17 145 249 252	223 234 235 296 297 298 239		

J L'Appr admr
n° IX, livraison p. 83.
— Pour un seul renou-
bre d'exemplaires, cette
présente note est en su-
voir manuscrite et peu
lisible : elle se partira
au bas de la 2° page
de la couverture.
Pour le restant de ...

155			

39	120	70 96 113 172	201	4 6 15 21 52 60 78 85 106 110 111 132 149 157 174 192 199 207 221 229	153 203		48 56 217 225		247	*Em*
9 19 50 58 128 209 227	11 52	8 69 73 94 115 149 147 152 155 159 169 190 202 205	67 76 84 197	7 12 72 97 104 109 114 116 121 148 164 191	108 194	125 129 168	86 88 90 144 208 222 250 248 251		1 69 102 186 232	
66	98 105 126 130 162 169	9 14 74 99 156 166 158 196 198 206	5 10 16 18 22 29 47 53 55 61 79 95 107 113 114 133 146 150 158 167 171 173 189 193 226 224 202 245 249 250 253	50 59 88 83 134 161 204 220 228	13 70 122 163	40 41 42 43 44 45 46 101 185 200-215 241 244 255	17 145 249 252	233 234 235 236 237 238 239		N.6

à l'Appt. adon.
n° III. Gudula p. 83.

— Sur un certain nombre d'exemplaires, cette présente note est, en entier manuscrite et assez lisible: elle apparaîtra au bas de la 2e page de la couverture.

Pour le restant de l'édition, le désir de ménager ma bourse et mon temps m'a fait recourir à cet expédient, à ces échantillons de

✳ n° 2 de

CRYPTOGRAPHIE TYPOTHÉTIQUE.

c) De l'avis même de M. Lebrun... *quantùm mutatus ab illo!* (Voyez mes *Pa-thêmaté*, p.*hé* et *vau*), oui, de M. Lebrun, qui a fait, lui aussi, concourir, et

calamiteux imprimeur : « Auteur des *Etudes*, habitué à la correction, vous avez lu vous-même attentivement votre ouvrage et comme auteur et comme correcteur ; et votre correcteur, placé convenablement loin du bruit de l'atelier, a dû porter une grande attention sur... »
— M. Crapelet a lu, lu attentivement son ouvrage... Cela vous plaît à dire. Ecoutez ce qu'il aurait peut-être à vous opposer : « Vous vouliez me demander... comment cette lourde faute... ne m'avait pas frappé ? Je vous aurais répondu que je n'en avais pas vu l'épreuve, parce que les jours et une partie des nuits suffisent à peine à un maître imprimeur pour la gestion de sa maison, qu'il n'abandonne pas à toutes mains. » — *Lettre de M. Crapelet*, juin 1837.
Mais au moins son correcteur, qui a dû lire et relire les *Etudes*..., a-t-il donc l'œil si peu typographique, est-il si *dégagé d'instruction* ? — Gardez-vous de le croire : mais apprenez que ce précieux outil auquel M. Crapelet ne fait pas l'honneur de le nommer dans son premier volume, et qui sans doute ne sera pas oublié dans quelqu'un des suivans, sachez que l'œil typographique commençait à se rouiller chez l'estimable et habile correcteur de notre grand imprimeur ; correcteur qui ne l'était déjà plus que de nom ou à demi, et qui ne l'est plus du tout maintenant... Bienheureux correcteur qui ne corrigez plus, puissant correcteur qui vous trouvez dans quelqu'une des brillantes catégories décrites par l'*OEil typographique* (p. 4), ah ! du fortuné séjour où vous régnez, jetez sur nous un regard de pitié, attirez-nous à vous, mon bon ami Nicolas et moi, tirez-nous, au plus tôt de cette vallée d'épreuves à jamais lamentable !
P. 329, huit petits vers de M. Crapelet, à peu près français, dit-il :
Ils m'ont paru à moi *tout à fait* français, et même « n'être pas sans quelque mérite », pour user du riche style d'un biographe in-32 dont M. Crapelet a pu entendre parler ; mais on pourrait demander si ces vers, nullement typographiques, sont à leur place dans un volume d'*Etudes typographiques*. — J'ignore si c'est parmi les *futilités*, qu'il reproche aux *Etudes*, que le *Journal spécial* voudra ranger ce passage : moi je le mettrai au nombre des *in-congruités*.
P. 365 de la *table*, l. 33 : EXHORTATION, dit M. Crapelet, *Exhortation singulière qui leur est faite* (aux correcteurs), à propos de l'incroyable intolérance de Calvin à l'égard de Mich. Servet, intolérance que, moi, j'abhorre d'autant plus que je ne suis point intéressé à l'apologie du protestantisme. — Et quelle est donc cette soi-disant *exhortation*, prétendue *singulière* ?... Lisez et jugez : *Habes ergo, benevole lector, fata ultima tristiaque correctoris nostri, ex quibus id saltem intelliges, qualia et quanta à correctore, in quo fides desideratur, si libris imprimendis sensa mentis perversa inspergere audeat, metuenda sint.*
— Bien certainement Servet avait, tout autant qu'un hétérodoxe bourreau, le droit de publier ses *opinions perverses* ou non, mais il ne devait point faire ce que lui reproche Calvin dans un livre naïvement intitulé : *Defensio orthodoxæ*..., naïvement cité par le biographe protestant, il ne devait point commettre l'incroyable *abus de confiance* de falsifier complètement une bible confiée à ses soins de *correcteur typographique*. — Dites-moi donc, lecteur, si quelque chose ici est *singulier*, très singulier, n'est-ce pas l'observation de notre imprimeur, qui tient tant d'ailleurs, et non sans raison, à l'intégrité des textes livrés à l'impression ? — Donnons toutefois une larme à la mémoire de Michel Servet : téméraire, mais infortuné, mais énergique correcteur, qui, brûlant à petit feu et voyant ses tortures prolongées par le manque de combustible, demandait si l'on n'avait pu se procurer assez de bois avec ce qu'on lui avait volé dans sa captivité, avec ce riche collier et les deux cents pièces d'or que, contre la teneur de la loi, on n'avait point jetées dans le feu ! Fanatique, et pourtant pieux correcteur, qui, comme ce *fils de Dieu* qu'on l'accusait de méconnaître, expira en remettant son esprit aux mains du Père céleste !
Reposons-nous, après cette laborieuse campagne, et ne tuons pas tout à fait M. Crapelet : ainsi que l'a fait entendre un malin journal, il faut, dans le temps qui court, à la république des lettres, non pas seulement deux ou trois correcteurs passables, mais bien aussi trois ou quatre imprimeurs supportables ; laissons donc vivre l'auteur des *Etudes littéraires et pratiques*.
Mais un maigre épi, oublié dans ce rapide et très incomplet glanage, vient s'offrir à ma vue, je le ramasse, et M. Crapelet m'en saura gré, car il me comprendra !
P. 367 (table, art. Ch. CRAPELET), *témoignages de regrets et d'estime donnés à sa mémoire,* lisez de *regret* et d'*estime*...
Quand le fils m'écrivait, en juin 1837 : « Recevez l'assurance de mes regrets » , il employait fort à propos le pluriel, mais *témoignages de regrets* sera improuvé par quiconque y voudra réfléchir un peu. — J'en dis autant de ce titre d'un ancien opuscule de M. Crapelet : « De l'Imprimerie considérée dans ses rapports littéraires et industriels. » Je n'ai jamais douté qu'il ne fallût *littéraire et industriel*, tout comme on dit *les langues française et latine*. — Lorsque l'Imprimerie Royale, pour occuper à de plus importans, plus grandioses labeurs, l'impayable *spécialité* de son correcteur en chef, lui eut retiré les *Annales maritimes* pour les confier à mes faibles et très équivoques moyens, je commençai par faire remarquer ce qui devait me

plus d'une fois... Mais on prétend que de temps à autre, des *considérations particulières* l'ont, à son grand regret, contraint de modifier les décisions du jury épanorthotique.

Voilà donc, si je ne m'abuse, une question à peu près résolue : *Le concours est un assez bon moyen de procurer à une imprimerie, grande ou petite, des cor-*

---

choquer dans ce titre... *ce qui peut intéresser la marine sous les rapports militaires, administratifs...* on me répondit que cela s'imprimait ainsi de temps immémorial. Je n'eus garde de répliquer, vu, d'ailleurs, que l'œil de notre correcteur en chef, assisté de celui du contrôleur des impress.ons, avait passé par-là.

La grammaire,

> La grammaire qui sait régenter jusqu'aux rois,
> et les fait, la main haute, obéir à ses lois,

vient de m'entraîner un peu loin de ces *témoignages de regret et d'estime* dont je voulais à mon tour assurer mon honorable adversaire, avant de clore cette longue et impertinente diatribe.

Connaissez-vous l'*Anti-Baillet ?*... Curieux volume, ma foi ! (style Janin et de son école), amusante apologie, que je vous engage à parcourir. Commencez par la *table des chapitres*, placée en tête du volume. Voyez le docte abbé Ménage y annonçant crument je ne sais combien de sortes d'*ignorance*, et même plusieurs *calomnies* et *falsifications* de son antagoniste, un peu moins docte ; sans compter d'innombrables *erreurs*, *méprises*, *inepties*, etc.

« Chap. XXIII, *Ignorance* de M. Baillet dans son métier de bibliothécaire. »

Chap. LI, *id.*

Chap. LV, *id.*

Chap. III. *Falsification...*

Chap. I. *Calomnie...*

Chap. XXII, *id.*

Page.... *le jugement sans jugement* de M. Baillet, etc. »

Voilà donc les premières pages du volume, en voici les dernières lignes :

« Je finis ces remarques en protestant à M. Baillet que je n'ai entrepris cet ouvrage que pour la justification de mes mœurs, sans avoir dessein de l'offenser; et si dans la chaleur de la composition il m'est échappé quelque mots qui lui aient déplu, je lui en demande très humblement pardon ; comme de mon côté je lui pardonne de tout mon cœur toutes les choses injurieuses qu'il a dites de moi. — LAUS DEO. — FIN. »

Est-ce bien là la *queue du veau* dont vous avez vu la tête ? — Non pas, ce semble : (*hœc cauda non est istius vituli.* — Bened. PASSAVANT. cité par La Monnaye).

Moi, si éloigné d'avoir, comme Ménage à Baillet, reproché à M. Crapelet ignorance (et surtout ignorance dans le métier d'imprimeur), calomnie, falsification, etc. : moi, d'ailleurs, si prodigieusement éloigné de la prodigieuse érudition de Ménage (*), comme lui et mieux que lui, je peux et veux protester que je n'ai pas eu dessein d'offenser M. Crapelet.

Ménage, dès son début, s'appuie de la nécessité de justifier, plutôt ses mœurs que ses écrits... Mais que m'a donc fait à moi M. Crapelet? qu'a-t-il attaqué en moi ?

Il y a long-temps que j'ai, sinon oublié, au moins pardonné, bien réellement pardonné, les torts, car il y en a eu et de trop réels (**), les torts de M. Crap. à mon égard.

Ces torts, que j'ai dû pardonner, que j'ai pardonnés, mais dont je ne me fais pas scrupule de me souvenir, j'ose croire qu'il m'est permis aussi, qu'il est utile de les révéler : mais je tâcherai de le faire avec toute la bienséance désirable.

L'imprimeur distingué qui m'accueillit en 1827 à ma sortie de l'Imprimerie Royale, ne pouvait prévoir alors qu'au bout de trois ans ce correcteur fugitif lui ferait subir en quelque sorte le supplice de Mézence, que j'oserais accoupler dans un *Essai sur la correction typographique* son nom vivant d'imprimeur, son nom palpitant de typographie, au nom cadavé-

---

(*) « Je n'ai pas un grand mérite, mais j'ai une grande réputation. » (MÉNAGE, *Anti-Baillet*.) — On sait de reste qu'il me manque l'un et l'autre.

(**) Vous avez, M. Crapelet, écrit, imprimé quelque part (dans votre polémique avec M. l'abbé Prompsault) que personne, peut être, n'était plus porté que vous à faire une large part d'indulgence aux fautes typographiques. Et pourtant vous m'avez fait trembler, vous m'avez fait souffrir le martyre pendant mes quatre ou cinq mois de séjour dans votre officine : *Verebar omnia opera mea, sciens quòd non parceres delinquenti.* (JOB. IX, 28). — Vous m'avez *remercié* pour avoir laissé passer IL AVAIENT. Jamais vous n'aviez vu pareille chose, disiez-vous. Et moi je lisais vingt fois l'équivalent. Hier encore je lisais dans la belle et correcte, très correcte édition (8o, 1835, p 50) de la *Némésis* : IL SOIENT. Et certes on a dû donner à cette page plus de soins, plus de travail, que vous ne me permettiez d'en accorder à celle où j'ai failli.

recteurs passables. » — Ici finit le *premier extrait* de mon *Essai sur la correction typographique.*

reux (*a*) d'un académicien qui n'était encore que cela, ou tout au plus dirigeur d'imprimerie, alors que depuis plusieurs années déjà on l'appelait directeur de l'Imprimerie Royale? — Mais en quoi et jusqu'à quel point M. Crapelet a-t-il mérité sa part de supplice? — Oh! je mets une énorme différence dans la culpabilité de ces deux *accusés*. Je pensais à abandonner une métaphore qui peut mener loin en fait de style, mais à quoi bon? Pourquoi m'abstiendrais-je de qualifier de *simple délinquant* M. Crapelet, et d'appeler un *grand criminel* l'intrus qui m'a expulsé, brisé, abreuvé d'ignominie, réduit à une situation plus que précaire, moi qui dès 1828 avais paru mériter si bien un peu de confortable stabilité?

> O rage! ô désespoir!... *dirijure* * ennemie!...
> N'ai-je donc tant *appris* ** que pour cette infamie?

> * *Direction éclairée*, ainsi doit s'exprimer quiconque fait imprimer gratis à l'Imprimerie Royale... tel le docte M. Eichhoff (*Parallèle des langues de l'Europe et de l'Inde*).

> ** Qu'on ait la bonté de m'indiquer un synonyme d'*étudie* dont puisse s'accommoder *mon vers*.

> Je fléchis : soutenu par des forces meilleures,
> du nocturne cadran j'ai trop compté les heures;
> l'aube a vu trop souvent, quand Paris sommeillait,
> mes doigts laborieux errans sur un feuillet.
> *Épilogue*, mihi p. 309, du beau livre intitulé VENGEANCE (*b*) !

Voilà pour le criminel, voilà pour M. Lebrun; quant au délinquant, quant à M. Crapelet, je me bornerai à signaler le dernier de ses torts (*c*) à mon égard, le bas de la page 204 (« car il n'est pas certain, » etc.) de ses *Études*, pour quoi je renvoie au chapitre II de mon présent *Essai.* »

Mais comme un délit, même un simple délit, surtout quand il a des precédens, veut être puni, expié; et cet *Essai* pouvant rester très long-temps en-

(*a*) J'avais d'abord, plutôt, je l'avoue, par prudence que par charité, j'avais cru devoir souligner *vivant* et *cadavereux*: tout bien considéré, ils resteront en caractère romain.

Oui, romain, j'attends de pied ferme... Ah! je serais curieux de voir l'équitable et généreux fonctionnaire couronner ses bontés, signaler son exacte justice dont il a bien eu un jour le front de me parler, et faire infliger une bonne amende et quelques mois de prison au *diffamateur* intrépide, à l'insolent ex-employé qu'il ne a, cinq ans durant, si tendrement, si judicieusement *administré*.

(*b*) « ...Je suis, mon cher Laurent, fatigué, harassé, dégoûté même, de l'étude en général, non pas seulement de ces arides études que vous savez, et suivies avec une ardeur que moi-même je ne comprends pas, vu le peu d'encouragement qu'elles obtenaient; études dont je douterais si je n'en avais sous les yeux des témoins nombreux, de copieux résumés; oui, je suis las de d'étudier, etc. — *Lettre* du 17 mai 1839 (ci-dessus, III, p. 12), à un excellent confrère, ci-devant mon collègue à l'I. R.; digne aussi, lui, mais beaucoup plus heureux que moi, quoi qu'ait pu dire le *Moniteur*, le 27 octobre 1828, lequel *Moniteur* daigna s'occuper, non pas du ci-devant correcteur en chef de l'I. R. qui n'avait pas voulu se montrer et dont le glorieux avénement appartenait à l'an 1832, mais d'une vingtaine de correcteurs beaucoup moins *distingués*... Au reste il ne devait être de ce maître correcteur, de ce chef de la correction à l'I. R. à peu près comme du *chef*, en style héraldique: pièce *honorable*, très honorable, et que pourtant on ne décrit qu'après toutes les autres: ainsi mon estimable, mon honorable confrère A., qu'on a comme à son insu colloqué dans un bureau qui m'était dû, et qui continue, pour la plus grande gloire du royal atelier, à faire partie du mobilier épanorthotique; A. assez heureux pour enlever ce confortable emploi sans que le *Moniteur* s'en mêlât; ledit A., finalement, ne devait être décrit, blasonné, qu'en 1840, après les amateurs de 1828, après mes heureux antagonistes Laurent, Montalant, etc. » — Fin des notes du *premier extrait* de mon *Essai.*

(*c*) Ces torts ne sauraient m'empêcher de parler en faveur de M. Crapelet quand je vois lieu à le faire. — Le fait d'une pension assurée, l'année passée, par l'honorable imprimeur à un de ses ouvriers est venu à ma connaissance il y a seulement quelques jours. J'ai vu avec peine plusieurs personnes supposer à cet acte, certainement louable, des motifs qui ne le seraient guère. La condition de l'humanité serait vraiment déplorable si la crainte de passer pour vaniteux devait retenir le petit nombre de ceux qui peuvent et veulent faire le bien. Vaine appréhension! qui n'a point, au XVIIIe siècle, arrêté cet admirable duc de Penthièvre, que Florian avait en vue dans sa belle et touchante exclamation : « O grandeur! que tu es belle, etc. » Voyez une de mes innombrables épigraphes ou épigrammes, en regard de L'APPRENTI *медиумиумиро*). Vaine appréhension! qui, de nos jours, n'empêche point le *Petit-Manteau-Bleu* de soulager des milliers d'infortunés. Vaine appréhension, quelque peu suspecte d'égoïsme!

core inédit, je vais dès aujourd'hui, comme complément de ma *Némésis* envers l'*honnête* imprimeur, tirer du cachot de mon manuscrit les quelques pages de ce chapitre II, où il est traité du singulier, très singulier avis de M. Crapelet sur le concours qui m'avait valu un emploi tel quel à l'Imprimerie Royale; et lui en proposer la lecture par manière de pénitence, le supposant, moyennant quoi je l'absous, véritablement contrit de s'être montré si peu judicieux, et surtout si peu humain, envers un pauvre correcteur qui valait bien le sien, et qui lui avait fait l'honneur, en janvier 1837, à lui George Crapelet, de mettre son nom, son nom encore un peu récent, encore un peu obscur, au-dessus du vieux renom des Didot.

Deuxième extrait. — Chap. II, sans titre; il a pour épigraphe ces mots d'Isaïe, XL, 6 : VOX DICENTIS : CLAMA. ET DIXI : QUID CLAMABO?

« ... Je me vois donc réduit à tirer de mon fonds, comme l'araignée, les fils de cet Essai ; et pendant que le travail de l'emprunteuse abeille sera goûté, chéri, combien viendra-t-il se prendre de lecteurs dans ma toile autochthone?

Pourtant il y aurait, je crois, beaucoup et de beaux emprunts à faire à un certain livre..... *Observandissimi typographi donum*, comme il est écrit de ma main sur l'exemplaire que j'en possède : mais quand la compilation s'attaque à des productions récentes, elle doit ressembler tellement au plagiat ! Et puis les réminiscences sont quelque chose de si gênant ! Et encore, cette revue du travail d'autrui semble vous dépouiller du droit de présenter comme vôtre ce qui est réellement de vous, ce que vous aviez pensé, trouvé de votre côté. J'ai donc voulu m'abstenir jusqu'à nouvel ordre d'user de l'agréable cadeau que m'a fait M. CRAPELET ; tant que mon Essai ne sera point bâclé, ou à peu près, j'aurai le courage de me refuser l'intéressante lecture des *Etudes pratiques et littéraires sur la typographie*, où sans doute il est traité bien au long de la correction, puisque, à l'occasion de ma *Lettre à M. Duchesne aîné* (1), l'honorable imprimeur m'écrivait, le 4 janvier 1837, avant la publication de son premier volume : «Relativement aux Notes sur les correcteurs et la correction que vous m'avez communiquées, vous ne vous étonnerez pas de les voir presque toutes figurer un jour, *in extenso*, dans les *Etudes typographiques* dont je m'occupe, même jusqu'à votre citation de H. Estienne. Car tout ce qui tient au sujet de vos Notes est déjà imprimé, et comprend les pages 145 à 306 dans mon premier volume. Je suis trop l'ennemi du plagiat, sous quelque forme qu'il se présente, pour ne vous pas indiquer dès à présent une coïncidence qui, plus tard peut-être, ne serait pas attribuée à la nature seule du sujet.» On voit, par cette citation, que moi-même je ne saurais trop me prémunir contre le soupçon de plagiat, d'emprunt, de réminiscence, etc.; d'autant plus que l'auteur des *Etudes*, un jour que j'avais l'honneur de l'entretenir, après communication de ma Lettre à M. Duchesne, me témoigna tant de surprise, et de défiante surprise, de ce que j'y eusse parlé, moi aussi, de l'*axiôme typographique* tel quel de Ménage, que je me vis comme obligé de déclarer, à mon corps défendant, que je le connaissais depuis vingt-cinq ans, que je le tenais de mon cher et honoré père, etc.

J'avouerai sans rougir, que, depuis ma mise en possession des *Etudes*, je n'ai pas toujours complétement résisté à la tentation de les lire : deux fois j'ai porté la main sur ce fruit que je m'étais interdit, fruit sans doute aussi BON A MANGER qu'il est BEAU A VOIR : *bonum lignum ad vescendum, et pulchrum oculis, aspectuque delectabile*. Je dirai naïvement les quelques mots que j'y ai aperçus, et les réflexions qu'ils m'ont inspirées.

I. — P. 184, note : « Remarquons en passant cette imitation que l'Evangéliste a faite d'un passage d'Horace, ou peut-être mieux cette similitude de pensées qui se rencontre si souvent chez les bons esprits, etc. » Quant à moi, si j'admets volup-

(1) Voir la prochaine édition du *Dictionnaire de la Conversation*, au mot CORRECTION.

tiers que les bons et même les mauvais esprits se rencontrent souvent, je crois devoir déclarer que j'ai lu avec peine et que je repousse de toutes les forces de ma conviction religieuse ce que la première ligne de la note a d'anti-chrétien. En faveur de cet auguste Évangile, qui a résisté à tant d'adversaires un peu plus redoutables que M. Crapelet et a trouvé mille apologistes infiniment plus dignes et moins ineptes que moi; de cet Évangile, dont Jean-Jacques a dit « ce n'est pas ainsi qu'on invente, etc.», je ferai observer qu'un apôtre peut fort bien faire entrer dans sa prédication un vers profane, mais qu'il ne faut pas en inférer qu'un maltôtier ait forgé un code, une histoire, qui a, dit encore Rousseau, « des caractères de vérité si grands, si frappans, si parfaitement inimitables, que l'inventeur en serait plus étonnant que le héros. »

II. — J'arrive à une seconde faiblesse, au second coup de dent porté par ma convoitise au fruit didascalique. — Mon incontinent regard a rencontré la p. 207 : comment ne m'y serais-je pas arrêté, puisque c'est le commencement de la solennelle épreuve qui fut l'occasion et le moyen de mon entrée à l'Imprimerie Royale? — Et cette première page, reproduite avec les corrections de M. Crapelet, est corrigée de main de maître sans doute?

Je ne parlerai point de deux corrections qui, selon moi, ne corrigent rien, mais j'ai vu avec une extrême surprise le soigneux imprimeur exiger trois capitales dans ces trois vers :

« Sera-t-il Dieu, table ou cuvette?
» Il sera Dieu. »
Maluit esse Deum.

Quoi ! ce bloc ou ce tronc va devenir DIEU, l'ineffable Jéhova, l'être suprême, ou plutôt l'Être? — Eh ! non : le statuaire ne voulait que faire une idole, un fétiche, je dirai si vous voulez, car je ne suis pas protestant, je dirai un saint de pierre ou de bois, un *divus*, un de ces innombrables *dii* de toute classe, *majorum et minorum gentium*, qu'on rencontrait beaucoup plus facilement qu'un digne et honnête homme. Mais Dieu? mais le grand dieu? mais ce dieu unique dont les païens eux-mêmes avaient la conscience, et dont ils ont maintes fois parlé si dignement? Oh! le sculpteur n'y songeait guère. — Non, monsieur, il ne fallait pas de capitales. Ce grand nom, que plusieurs grands hommes, à chaque fois qu'ils l'entendaient prononcer, ne manquaient pas d'honorer par un témoignage explicite de respect (l'un en s'inclinant, l'autre en se découvrant, un troisième en s'arrêtant à la lecture (1)) ce nom que l'israélite ne trace point sans avoir soigneusement essuyé sa plume, et dont nous autres nous abusons jusqu'à en faire une interjection au service des plus ignobles propos : ce nom, *au dessus de tous les noms (Philipp. II, 19),* dressons la typographie française de notre siècle à lui réserver au moins l'hommage d'une majuscule exclusive (2).

_____

(1) NEWTON, BOERHAAVE et BAYLE.

(2) La faute que j'ai relevée dans la *correction* de M. Crapelet n'a point été commise dans les bonnes éditions que j'ai consultées, Didot in-folio, par exemple. Elle existe dans l'édition à mon usage (in-12, 1757), mais à cette époque, et plus anciennement, où ne fourrait-on point des capitales?

Los Grands ont quelquefois de si petites âmes ! — BOURSAULT, *Phaéton.*

Quand on va chez un Roy, ce seroit luy déplaire
si d'un habit sortable on ne faisoit le choix,
et le moins que l'on doive faire,
est d'aller chez les Dieux comme on va chez les Rois. — *Id., ib.*

O Melibœe, deus nobis hæc otia fecit... Voilà comme, dans une édition de Virgile, j'écrirais ce vers dicté par la reconnaissance pour un simple mortel; et c'est ce qu'ont fait dans leurs magnifiques rivales, Bodoni en 1793, P. Didot en 1798. — Si je parle du bienfait de la Providence, de la grande providence, la providence unique et suprême, la Providence enfin ! qui m'avait placé à l'Imprimerie Royale, j'écris (Παθήματε, p. *ghimel*) Deus nobis hæc otia fecit (*otia* jusqu'à un certain point). — Quand je veux signaler l'espèce de divinité qu'on révère à l'Impr. Royale, d'où elle m'a chassé, la divinité dont je n'ai pas su adorer et bénir la sale providence, oh ! alors, sur les haillons d'un allégorique *mauvais sujet* grossièrement esquissé par moi (*l'Apprentif administrateur,* p. 24 *bis*), j'écris, non point certes *Deus*, le grand

III. — *Oui, mon général.....* J'ai trouvé, dans cette même page du livre de M. Crapelet, un *oh ! non* assez agréable pour mériter le pendant que voilà, que voici :

> A la suite de la bataille, le général a parcouru les rangs, y avait un guernadier qui s'était fameusement montré. Le général s'approcha de lui et lui dit : « Eh ! bien, guernadier ? » Et l'guernadier a répondu : « Oui, MON GÉNÉRAL. » — *Lettre de Jean* PACOT *à son papa et à sa maman.*

Je m'explique : je donne *oh ! non*, le ridicule *oh ! non* de M. Crapelet, pour pendant à l'impayable *out, mon général*, parce qu'en tronquant un texte, le savant praticien a négligé, oublié d'en rajuster les morceaux. Notre épreuve du concours portait : « Qui oserait taxer de plagiats les admirables larcins des Boileau, des Racine, des Corneille, des Voltaire? Etait-il un plagiaire cet immortel Virgile, parce qu'il prit Homère pour modèle, et déterra des perles dans le fumier d'Ennius ? — Oh! non. » M. Crapelet a mis dans son fac-similé : « Qui oserait taxer de plagiats les admirables larcins... des Voltaire? — Oh! non. »

Il est donc trop vrai que M. Crapelet, dans cette coquine de page-modèle 207, ne s'est pas aussi *fameusement montré* que l'honorable camarade de Jean Pacot (1) : voyons s'il sera plus heureux ailleurs.

IV. — Mais voici qui devient sérieux, et je vais me fâcher tout rouge.

P. 149 : Il est toujours fâcheux qu'un homme d'esprit... » — De qui donc est-il question?... De Janin ou de Soulié... Tout au plus du grand Balzac, le *rot des romanciers*, si Janin le voulait bien permettre. Et quand je dis le *grand Balzac*, ne vous méprenez pas : je ne veux pas désigner le vieux Balzac du grand siècle, le Balzac perché sur l'échelle intellectuelle entre l'homme d'esprit et l'homme de génie; le Balzac qui a fait quelque chose de mieux que des romans crême-fouettée, le Balzac qui a doté de 12,000 francs un hôpital, et légué l'*immortalité* à tant d'individus malingres, moribonds, morts, bien morts! ou qui n'ont jamais vécu; le Balzac, enfin, qui « a enrichi, ennobli notre langue.....» Ah! vous me comprenez à présent, et je m'arrête (2). — Il est question, dans le susdit passage dudit imprimeur... devinez... La Bruyère.

La Bruyère un homme d'esprit... miséricorde! notre incomparable Théophraste un homme d'esprit!... voilà du neuf. — Mais, qu'est-ce donc, à votre avis, que La Bruyère? — Moi?... je n'ai point d'avis : je dis, comme tout le monde, que La Bruyère est La Bruyère.

Or, voyons, après cette infâme épithète qui ne pronostique rien de bon... *frons ipsa daf looum fabulæ, et ad malam spem invitat* — SENEC., voyons quel traitement réserve à La Bruyère la plume magistrale de notre spirituel imprimeur.

Mon indignation se contient avec peine : M. Crapelet a méconnu, flétri, assassiné une des pages les plus piquantes, les plus judicieuses, les plus vraies du grand moraliste. M. Crapelet ose accuser...

> So modern 'pothicaries taught the art
> by doctors bills to play the doctors' part :
> bold, in the practice, of mistaken rules,
> prescribe, apply, and call their masters fools. — POPE, ainsi traduit

---

dieu dont émane toute justice, mais *deus*, un dieu à la douzaine, un tout petit dieu, grotesque et misérable : *deus nobis hæc otia fecit*.

Je reviens à M. Crapelet, et finis ma note en disant que ses capitales seront généralement peu goûtées. Quel typographe, par le temps qui court, se montre favorable à cette foule gothique, aristocratique, de distinctions majusculaires, qui arrivent à distinguer les mots... à peu près comme nous autres, choses, nous sommes distingués par un demi pouce-carré de gueules, héraldiquement parlant.

(1) Il est permis de supposer que le camarade à Pacot, interrogé à l'improviste, peut-être assourdi par le canon, avait cru entendre : Ça va-t-il bien, guernadier? » Mais comment, en mitonnant à loisir son extrait, en le lisant, relisant et corrigeant, M. Crapelet, qui a l'œil si fin, M. Crapelet qui est presque un Argus, n'a-t-il pas senti, saisi, annihilé la janoterie dont il nous régale ?

(2) Quand nous exprimions ainsi notre profonde aversion pour la plume romantico-mirobolante de M. Honoré Balzac, nous n'avions pas encore connaissance de *Vautrin*; Vautrin, le hideux Vautrin, n'était pas venu encore soulever les nausées du plus indulgent des publics. Un sot quelquefois ouvre un avis important.....

Reposez-vous donc, M. de Balzac! reposez-vous, nous vous le conseillons dans l'intérêt de tous, vous compris, reposez-vous ! vous avez assez travaillé, sinon pour la gloire, au moins pour le besoin, *fami, non famæ*; reposez-vous, vous dis-je, sur vos lauriers tels quels et sur votre pécule.

                              Nicolas DE CIRIER.

par un malin typothète : « La typographie est l'antichambre de la littérature. A force de reproduire les ouvrages d'autrui, quelques-uns s'avisent d'en composer eux-mêmes de semblables (*sic*), et d'enjamber la barrière qui les separe des auteurs. » — Jules LADIMIR, *le Compositeur typographe* (Français-Curmer).

M. Crapelet ose accuser La Bruyère de parler de ce qu'il ne connaît pas..... O blasphème! — de n'avoir aucune idée de l'imprimerie... *risum teneatis, amici.* Faut-il donc être né sur un lit de *coquilles*, à l'ombre d'une frisquette, faut-il avoir pendant trente ans mené les *ours* et fait marcher les *singes*, pour se faire une idée de l'art précieux incontestablement, admirable même, que M. Crapelet honore sans aucun doute, mais dont il s'exagère furieusement les difficultés; d'un art qu'on peut concevoir et pratiquer parfaitement bien (autant qu'il est donné à l'homme de *parfaire*), sans avoir... pardon si je dis que la neige est blanche, sans avoir le génie de Leibnitz ou de Newton, de Pascal ou de La Bruyère?

Ah! je n'y tiens pas, et peu s'en faut que je ne lacère ce que je viens de relire. Eh bien, oui! j'ai déchiré cette insolente, cette absurde page 149, qui va jusqu'à citer ceci, à propos de La Bruyère : « .... Respecter assez (l'art de l'imprimerie) pour ne le point avilir par des fruits trop communs de leur ignorance et de leur mauvais goût. » Oh! que l'auteur cité (M. *F.*), si auteur il y a, a bonne grace à parler d'*ignorance*, à en parler sur ce ton-là!... (Voyez l'*OEil typographique*, p. 29, l. 18 : monstrueuse brioche du *reconnaissant élève*; » p. 30 : « ô tempora!.. ô mores... TYPOGRAPHICI!... »)

Vigneul-Marville (je veux bien dire *M. de V. M.*, mais je me garderai d'écrire, comme M. Crapelet, *Vigneul de M.*, et surtout *Vigneul de Marvillius*), Vigneul-Marville, qui s'amusait, lui, à proposer, à servir à des lecteurs *une goutte de n'importe quoi*, Vigneul-Marville nous raconte comment les hommes de génie, et beaucoup plus souvent les hommes d'esprit (parce qu'ils sont moins rares), aiment à se délasser en différentes manières. Celui-ci se donne une ou deux maisons de plaisance, tels : Cicéron, Pline le jeune, Duperrou; celui-là (l'abbé de Billy entre autres), se divertit à faire des vers latins. Il en est qui « se sont plu à composer des traités agréables sur des sujets bizarres » : nous devons à cette innocente manie l'éloge de l'*âne*, l'éloge de *rien*, et l'éloge de bien moins que rien, l'éloge de Néron. A vous donc, hommes de génie, hommes d'esprit, ou simples hommes de lettres, qui voudriez vous exercer *agréablement sur un sujet bizarre*, à vous tous qui éprouvez l'impérieux besoin de vous récréer, je propose en toute confiance la page 149 des *Etudes* practico-littério-typographiques.

..... Souffrez que, pour me délasser moi-même de la lecture d'une épreuve, je m'essaie à formuler, ou plutôt à *croquer* les sommaires de trois ou quatre chapitres de l'*agréable traité* proposé à vos ingénieuses plumes.

Chap. I. — Comme quoi, au lieu de citer La Bruyère lui-même à l'appui de ses assertions quant à la difficulté, trop réelle, du métier de correcteur, M. Crapelet veut bien nous apprendre que La Bruyère est un pauvre homme, « qui n'eût jamais été un bon correcteur. »

Chap. II. — Comme quoi une fée maligne empêcha le grand imprimeur de lire dans La Bruyère ce qui y est bien véritablement; et comment ladite fée fit tant par ses enchantemens, que M. Crapelet crut voir toujours et partout, et dans son manuscrit! et dans la galée du compositeur! et sur le marbre! et sous presse enfin : *Soyez correcteur*, au lieu de : *Soyez au plus correcteur*, que tout le monde a lu dans les œuvres du susdit homme d'esprit.

Chap. III. — Comme quoi La Bruyère n'a point écrit qu'on pût *être correcteur sans apprentissage, faire une jante de roue sans avoir appris*... mais a fait entendre tout le contraire, et cela avec une force, un agrément, une malice que nous souhaitons aux livres de nos hommes de plus ou moins d'esprit; — comme quoi, si « ..... depuis plusieurs années.. .... beaucoup d'hommes de lettres se sont présentés dans les imprimeries pour remplir l'emploi de correcteurs; » c'est précisément parce qu'ils n'ont ni *remarqué*, ni lu, ni compris l'admirable page du délicieux écrivain; — comme quoi, par conséquent, ce n'est pas le *célèbre moraliste*, dieu dont émane toute justice, mais *deus*, un dieu à la douzaine, un tout petit dieu, grotes que et misérable : *deus nobis hæc otia fecit.*

Je reviens à M. Crapelet, et finis ma note en disant que ses capitales seront généralemen peu goûtées. Quel typographe, par le temps qui court, se montre favorable à cette foul gothique, aristocratique, de distinctions majusculaires, qui arrivent à distinguer les mots... peu près comme nous autres, choses, nous sommes distingués par un demi pouce-carré d gueules, héraldiquement parlant.

(1) Il est permis de supposer que le camarade à Pacot, interrogé à l'improviste, peut-êtr assourdi par le canon, avait cru entendre : Ça va-t-i' bien, guernadier? » Mais commen en mitonnant à loisir son extrait, en le lisant, relisant et corrigeant, M. Crapelet, qui l'œil si fin, M. Crapelet qui est presque un Argus, n'a-t-il pas senti, saisi, annihilé la janc terie dont il nous régale ?

(2) Quand nous exprimions ainsi notre profonde aversion pour la plume romantico-mirobolante de M. Honoré Balzac, nous n'avions pas encore connaissance de *Vautrin*; Vautrin, le hideux Vautrin, n'était pas venu encore soulever les nausées du plus indulgen des publics.

Un sot quelquefois ouvre un avis important.....

Reposez-vous donc, M. de Balzac! reposez-vous, nous vous le conseillons dans l'intérêt de tous, vous compris, reposez-vous ! vous avez assez travaillé, sinon pour la gloire, au moins pour le besoin, *fami, non famæ*; reposez-vous, vous dis-je, sur vos lauriers tels quels et sur votre pécule.

Nicolas DE CIRIER.

Si l'on s'avise de nous demander où nous avons pris ce DE, nous répondrons que nous l'avons trouvé précisément là où M. Honoré a rencontré le sien, dans notre cervelle. Au reste, nous pouvons, nous Nicolas le Cirier (Wachsbaum), nous pouvons produire un écus-son, des armoiries, une généalogie : M. Honoré de Balzac en pourrait il faire autant?

Cirior en amicorum
Sevres, 3

qui *parle mal*, qui *trompe ses lecteurs*, etc. ; auquel chapitre il est dit un mot du *métier de charron* et du métier des *écrivans* (1) non apprentis.

Chap. IV. — Comme quoi, finalement, on serait tenté de dire à M. Crapelet, ni plus ni moins qu'à Dioscore : « Imprimez, *n'écrivez point !* » à M. Crapelet, qui, lui, *a fait l'apprentissage d'un* bel et bon *métier, et* n'a point, que je sache, *besoin de cinquante pistoles*, encore moins de gloriole (2) que n'obtient pas qui veut parmi tout ce *grand peuple inutile* des ECRIVANS, comme disait le grand, le vieux Balzac, Balzac *natu major et ingeniolo*. — Comme quoi, aussi tout le monde, y compris l'auteur des *Etudes* (pour raisons à lui particulières), bénira le Ciel, qui a voulu que La Bruyère fût, non pas un pauvre correcteur tel quel, mais une des gloires du beau règne ! mais l'inimitable peintre des *mœurs et caractères* de tout *siècle*, et surtout des siècles écrivailleurs, écriveurs, ECRIVANS, etc. ! mais un auteur accompli, *plus accompli* que ni Charles ni Georges ne se sont jamais montrés dans leur grave profession d'imprimeurs (3) ! » — Fin du 2º et dernier Extrait de l'*Essai*.

────────────

(1) Voir la première ligne (abstraction faite des titres) de la première page d'un *Manuel de l'Imprimeur*, exclusivement attribué à M. AUDOUIN DE GÉRONVAL, imprimé bien certainement par M. Crapelet, M. Crapelet tout seul. Curieux Manuel, *revu par M. Crapelet :* il vous rappellera, dès l'exorde, l'inexpugnable dialectique de M. de la Palice : « Les voiles du mystère enveloppent l'origine d'un art qui, en assurant les progrès des lumières, les empêche de rétrograder... » Curieux Manuel, vous dis-je ; témoin encore la page 6, l. 8 : « L'idée mère doit être due... » — Quant à la faute typographique *écrivans* (pour écrivains), faute qui a si mal choisi sa place, elle sera difficilement remarquée d'un lecteur qui n'aura point, comme l'auteur du présent Essai, composé de l'anglaise pendant sept ans.

(2) *Serò animadverti quòd, vanam gloriolam captans, perdidi quietem meam, rem prorsus substantialem.* NEWTON. — Vous l'entendez, M. Crapelet : la *gloriole* du miraculeux Newton ? — Et pourtant il ne paraît pas que l'incomparable Newton ait été bien pressé de la rechercher, cette périlleuse gloriole. « Il y a, dit Fontenelle, des preuves que Newton (né en 1642), avait fait à vingt-quatre ans ses grandes découvertes en géométrie, et posé les fondemens de ses deux célèbres ouvrages, les *Principes* et l'*Optique* » : ouvrages, dit ailleurs Fontenelle, qui, lorsqu'on eut pris le temps de les comprendre, lui valurent un *cri général d'admiration.* — « Newton se résolut enfin à se dévoiler et à révéler ce qu'il était : les *Principes mathématiques de la Philosophie naturelle* parurent en 1687. » Vous voyez, M. Crapelet : vous, M. Crapelet, *publieur* à vingt ans d'un morceau de Catulle ; et qui, cinq ans plus tard, nous apprîtes, par des *Impressions* à la Dumas, que vous aviez, vous aussi, vu la patrie de Newton. — Mûrissez donc les volumes II, III, etc., de vos *Etudes*, pour recueillir, sinon un cri d'admiration ou un tonnerre d'applaudissemens, au moins quelques murmures approbatifs.

(3) *Plus accompli...* c'est ce que je compte prouver indirectement dans un autre endroit de mon Essai, où je parlerai de ce qui constitue, selon moi, le *parfait imprimeur*, le typographe *accompli.* En attendant, j'ose avancer qu'on n'est point un imprimeur *accompli* (voir les Etudes, p. 148, l. 3, en remontant), un imprimeur κατ'ἐξοχὴν, quand sur deux mots grecs, les seuls qui se rencontrent dans tout un livre, on a le malheur de laisser une faute (Voyez κατ'ἐξοΚὴν dans les prolégomènes d'une jolie édition de l'*Imitation* par Charles Crapelet) ; qu'on n'est point un imprimeur accompli quand, sur l'épigraphe d'un livre, on permet à *sacri* de prendre la place de *lædi* ; quand une autre épigraphe en regard montre trois fautes sur cinq mots ; qu'on n'est point un typographe accompli, surtout quand on n'est point assez éclairé, ou assez religieux, assez scrupuleux pour ne point imprimer des blasphèmes [voyez une édition, sans nom d'imprimeur... Paris, an III.—Elle est de Charles Crapelet], du précieux, du saint manuel d'Epictète, profané par un immense *discours préliminaire* de Lefebvre de Villebrune, qui appelle le *législateur de Nazareth, le plus sage des sages après Socrate.* Voyez surtout pp. 90, 91.

Ca, pour user d'un style plus que familier, mais qui n'est pas sans charme pour un ex-ouvrier (*) qui reprendrait gaîment sa blouse, *ça* n'empêche pas les *sentimens*, et je crois volontiers que *Charles Crapelet était d'un caractère doux et sociable, et savait se faire aimer de tout le monde.* Je le crois, parce que je l'ai *entendu dire*, et non point parce que je l'ai lu dans un méchant petit livre de dix sous, qu'on voulait me vendre quarante alors qu'il n'avait pas d'autre mérite que celui d'être proscrit, et qui depuis m'en a coûté trois. Plat et chétif in-32, qui vaut à peine l'honneur de deux soufflets : pitoyable production de M. Aye! Aye! qui a bien l'extravagante impudence de mettre sous le titre de son avant-propos les deux vers si connus de Gresset (*un écrit clandestin...*) : moi, j'ai écrit en regard de son autre épigraphe (*nourri dans le sérail...*) ces mots de La Fontaine :

Toujours un air de vérité
se mêle aux plus grossiers mensonges (?).

Quant au style, M. A. I. est bien le plus dégoûtant ÉCRIVANT que j'aie encore rencontré. Dès

(*) Voyez la *Note*, p. 67, etc.

Une catastrophe imprévue, une terreur panique (qui n'est pas nôtre), vient de renverser tout l'édifice d'une galanterie, avant-goût de notre pamphlet, préparée à grand'peine, plutôt qu'à grands frais, pour M. Lebrun *[...]* (1) et consorts.....

son avant-propos, il m'a sous ce rapport, révolté au point que, perdant toute retenue, j'ai colaph zé en marge, ici : *salaud! salaud!* là, *cochon de style!* Mais ne me croyez point sur parole, voyez et jugez :

P. V : « ... éditeurs, escompteurs ou autres actions.»

P. VII, il met sous les yeux du public les *motifs de la déchéance* de la librairie.

P. 45 : « ... ouvrages littéraires *qui ne sont pas sans mérite.* — 47 : « ce jeune homme, *qui n'est pas sans esprit.* — *Ibid.* « ouvrage *qui n'est pas sans mérite.* — 42 : « fier et arrogant. Il vient de publier... un Traité.... *qui n'est pas sans avoir quelque mérite.* »

M. A. I. est fort pour *conseiller, engager,* etc. Par exemple, p. 48, il conseillerait à M. *N.* de soigner un peu plus son style. Nous l'aurions, lui Aye! Aye! engagé, non point à dé-crotter son indécrottable style, mais à montrer un peu plus d'humanité (je dirais *galanterie,* si un courtaud de boutique en était susceptible), un peu plus d'humanité, dis-je, en parlant, ou plutôt en ne parlant pas, de *la fille de la femme.....* p. 50.

Sachez enfin que le sieur Aye a bien voulu poser lui-même, p. 53 de cette jolie biogra-phie. Là, il énumère complaisamment ses innombrables productions, notamment « une grande quantité de chansons qui ont été *renfermées* dans différens recueils. » Oh ! oui, renfermées, cadenassées, je le crois fermement. Remarquons pourtant, à la louange de M. Auguste I., qu'il n'est pas sans quelque modestie, puisqu'ici il a eu le bon esprit de ne point fâcher la formule *Ce jeune homme n'est pas sans esprit.* » — Fin des notes du 2e et dernier extrait de l'*Essai.*

(1) Nous avions, il y a quelques mois, conçu le projet d'une *Monographie des Lebrun,* nom fécond en illustrations. Notabilités littéraires, artistiques, administratives, etc., que manque-t-il à ce grand nom, si ce n'est peut-être le savoir et les savans? Mais le lecteur, qui se perd dans ce dédale d'homonymie, ne peut manquer d'accueillir avec faveur toute spécification fortement caractéristique de noms qui se recommandent à la postérité.
Déjà nous avions remarqué avec intérêt, dans le *Martyrologe littéraire* (1816, p. 190):

« LEBRUN, *auteur tragique.*

Malgré tous ses amis, avant d'être jugé,
    qu'un poëte orgueilleux pâlisse!
Au temple de Corneille, assez bien protégé,
Lebrun V arriva par le *Retour d'Ulysse*:
    que lui valut-il? — Son congé. »

Lebrun cinq est heureux, sans aucun doute, et déjà nous l'avions mis à contribution (voir p. 15, *curieuse* ou *stupide médaille*). *Lebrun cinq* est sans contredit préférable à *Lebrun de l'Institut:* car qui est-ce qui n'est pas ou ne pourrait pas être de l'Institut? mais il ne serait pas impossible de voir *Lebrun six,* ou même *Lebrun dix* ou *vingt,* disputer la prééminence à notre grand cinquième.
Au contraire, nous nous flattons qu'un chacun saisira, goûtera l'incontestable et parfaite

Dans notre malheur, nous nous consolons de pouvoir, sur les pages blanches res-
tantes de cette quatrième et dernière feuille de la présente brochure, servir au public équitable, et non point seulement aux plus *florissans employés* de M. Lebrun
quelques informes débris de nos ADIEUX.

Débris, dis-je, et débris *informes*; car la pièce de vers ci-après était enclavée
dans un cadre immense, qui a été trouvé drôle.... M. Lebrun et un au
moins de ses florissans employés le jugeront, puisque nous avons pu offrir au premier une esquisse à peu près complète, au second, un croquis très imparfait de notre
œuvre. Au reste, nous tenons ici, chez nous (Sèvres, 3), une troisième ébauche à
la disposition des curieux qui nous feraient l'honneur de s'y intéresser.

MES ADIEUX A LA BANDE NOIRE.

Sombre et confus essaim, changeantes immortelles,
du faux comme du vrai messagères fidèles,
vous dont les mille bras croisés sur l'univers
en maintiennent parqués les habitans divers,
LANGUES..... Langues, adieu! Votre immense grimoire
trop long-temps occupa mon avide mémoire.

Trop long-temps chez l'Hébreu, le Grec et le Latin,
j'ai pensé conquérir un utile butin :
pénible et vain labeur! A huit jargons encore,
du nord et du midi, du couchant, de l'aurore,
j'offris un fol hommage : anglais, italien,
chinois... que m'avez-vous rapporté? — Presque rien (1) :
quatre mots dans la tête, et néant dans la bourse.

C'en est donc fait! j'arrête ici la docte course
qui me laisse ignorant, et pauvre et méconnu.

Bienheureux A*..***, qui n'aviez point couru,
Audi..... « non; non! je hais les pseudonymes voiles,
j'ignore l'art menteur des points et des étoiles. »— *NÉMÉSIS* (2), *Prologue.*
Audiguet! (3) « loin de moi ces charitables soins

---

propriété de *Lebrun* également, on ne pourra se défendre de convenir qu'un
nom de terre sied merveilleusement à la nouvelle dignité de notre illustre martyr.

N. B.—Sans nous préoccuper exclusivement du mérite de notre invention, nous avons
voulu voir si, par aventure, un autre martyrologe (*Consciences littéraires d'à-présent*, 1818),
ne nous offrirait pas quelque chose de préférable à *Lebrun cinq* et à *Lebrun*
voici tout ce que nous avons trouvé (p. 179) :

« Pierre LEBRUN : *Tragédies, odes, poèmes.*

CONSCIENCE, quatre cinquièmes;
TALENT, deux cinquièmes;
ESPRIT, zéro. »

Il reste donc démontré que *Lebrun* est ce qu'on a jusqu'à ce jour imaginé de
mieux.
Nous nous rappelons un mot de Talleyrand; le malin pied-bot trouvait dans je ne sais
plus quelle tête, un peu de *veau*, un peu de *chat*. Nous sommes trop honnête, trop fier même,
pour servir en réchauffé, sur le casaquin de M. Lebrun cinq, cette mauvaise plaisanterie, mais
nous ne résistons pas à la tentation de reproduire ici partie d'une détestable vignette, mise
au pilon par notre peureux lithographe; vignette empruntée par notre main novice à d'excellens modèles (RAFFET, dans *Némésis*, et le *Magasin pittoresque.* — Voyez notre *chat
coiffé*, non plus ici, mais ci-après, p. 66.)
(Nous laissons à qui de droit *Rominagrobis* et son *couvre-sot*, mais nous réclamons, comme
notre propriété, le *gouvernail* et ses accessoires, dont il n'existe plus que deux exemplaires,
conservés dans nos archives et tenus à la disposition des curieux.)

« d'écrire au lieu d'un nom une étoile et des points ! » — VENGEANCE !
Vous êtes arrivé pourtant ! — A la fortune?   *Epilogue.*
— Non pas précisément. — A quelque gloire? — Aucune.

AVANT.   De grec et de latin, avant certain concours,
                  aviez-vous, comme nous, suivi jamais un cours?

PENDANT.   Vous n'avez point couru l'*Epreuve* solennelle
                  qui promit de PERRIN (4) la pomme à *la plus belle.*

APRÈS.   Plus d'heur vous attendait... Avez-vous, depuis lors,
                  à votre indignité demandé des efforts?

          — Sans doute ! qu'on s'informe au marin Delaplace
          si le *pays* de Barthe est digne de sa place !
          si tout en pourchassant coquilles et bourdons,
          et la lettre gâtée et les hideux doublons,
          le Gascon n'a pas su changer, dans maint volume,
          le français des auteurs en français de sa plume? (5)

          « *Et voilà comme on fait les bonnes maisons ! Va,*
          tu ne seras qu'un sot (6), pauvre Cirier ! » — Holà !.....
          car l'avis est fort bon; je m'y range et détèle
          du char des alphabets ma niaise cervelle.

                       NIC. CIRIER (1792-1840),
                  correcteur, 1828-1836 à l'Imprimerie Royale.

La pièce dont je déplore la perte, ou plutôt la non-multiplication à cent exemplaires (à l'égal du présent pamphlet), l'encadrement mimique et parlant de *mes*
Adieux à la bande généralement *noire* était fermé,

à l'extérieur,

1° en haut, par un *COMPOSTEUR* à correction, chargé de ces mots (figurés à rebours) : « Μὴ πολλὰ περὶ τῶν..... Si tu veux discourir sur ce qui s'est
passé, ne dis rien qui ne tende à ta CORRECTION..... *Manuel d'*EPICTÈTE,
p. 10 de mon édition. »

2° En bas, par un *FLEAU* de balance, violemment séparé de ses bassins, et
qui murmure ces mots : « La justice est le pain du peuple : il en est toujours affamé. — CHATEAUBR. — *In Italiâ audio fuisse mulierem quæ nul-*
las didicerat litteras : quæ cùm agitaretur à diabolo, interrogata quis
versus Virgilii sit optimus, respondit : DISCITE JUSTITIAM, MO-
NITI, ET NON TEMNERE.... — J. J. *Wecker,* de Secretis. —

          — APPRENEZ LA JUSTICE, apprenez que vos droits
          ne sont pas votre vain caprice. — A. CHÉNIER. »

En note, au-dessus du fléau, ces mots de votre serviteur : « Il faut qu'il y ait
une bien puissante affinité entre les mots *justice* et *caprice*, rapprochés dans le
distique du mâle Chénier : M Lebrun, comme j'ai eu l'honneur de le lui faire

---

(4) Infortuné jeune homme, savant correcteur de l'Imprimerie Royale, dont la mort donna
lieu, en 1828, à un concours annoncé à l'avance par les journaux, et dont le résultat fut
consigné dans *le Moniteur* du 27 octobre : « ..... Sur dix-neuf concurrens, six seulement
ont mérité d'être distingués. Après le sieur Cirier, qui a paru au jury avoir le mieux rempli les
conditions du concours, et a été désigné par lui pour la place vacante, les sieurs Montalant,
Bouchez, Laurent, Héliot, Bordier, sont ceux qui, dans l'ordre de cette nomination, ont subi
avec le plus de succès les épreuves difficiles auxquelles les concurrens avaient été soumis,
sur le français, le latin, le grec, et l'arrangement typographique des tableaux. »

(6) *Les Plaideurs,* I, 4.

remarquer dans ma lettre du . . . 1839, M. Lebrun, dans son mémorable et heureux poème du *Bonheur d'avoir étudié*, M. Lebrun, que certes on n'accusera pas d'avoir ÉTUDIÉ LA JUSTICE dans les vers de son noble et malheureux confrère en académie, M. Lebrun rapproche, lui aussi, et plus remarquablement encore, *justice* et *caprice*. Voyez :

> . . . . CAPRICE :
> tranquilliser le cœur qu'irrita l'INJUSTICE.

Ma mémoire s'est refusée à signaler les entours du *caprice* de M. Lebrun, seulement elle répond de *caprice* et de son acôlythe.

3° A droite et à gauche, deux *MORDANS*, qui se partagent cet AVIS au public administré et administré. « Les prémices de ces grotesques ADIEUX appartenaient de droit à l'homme juste, sensible et bon, qui les a inspirés : le premier exemplaire a donc été offert à M. Lebrun   directeur de l'Imprimerie Royale. — Ils ont été adressés aussi à ses florissans employés, MM. Auguste Rousseau, Desenne aîné, Aubert, Bailly, Besnard ; et Duprat, malin contrôleur des impressions ; sans oublier le brave et bienfaisant M. Guigon. — Le restant des exemplaires attend, chez l'auteur (Sèvres, 3), les amateurs attachés à une administration quelconque, dirigée n'importe comment. »

Bords intérieurs du cadre :

4° A gauche, un *MAT DE COCA* Dio, Dios, God, Gott, etc. » *Qui vic*

5° A droite, *ECHELLE* allégorique, au *Philippum tueatur magnus Deus.*

6° Au bas, le *COUTELAS* (avec sa C boucher, et la note n° 2, répondant a ANE (avis à B. et surtout à L.), ou N (Racines grecq.) — Συνέκερασε τὸ σῶμα a mis un tel ordre dans tout le corps, honorable de soi. » I, Cor. XII., 24, tr ment *ce qui est* ou devrait *être mis* l'indignation, la haine selon la charité *Avertissemens à la capitale, etc.*

O juste Némésis ! si jamai le plus fort à mon tour, si je serai dur, méchant, inti

Je n'ai pu ni *offrir* à M. Lebrun ni *adresser* à ses florissans employés un seul exemplaire lithographié de mes Adieux, puisque les cinquante déjà tirés ont été détruits dans un accès de prudence du lithographe : mais il me reste trois esquisses ; la moins imparfaite sera envoyée à l'homme juste..... *justum et tenacem propositi virum*, juste, sensible et bon ; la seconde est réservée à l'auguste et puissant-vice roi, que je crois avoir eu l'avantage de rencontrer l'autre jour ; la troisième de ces esquisses sera communiquée, chez l'auteur, aux curieux qui lui feraient l'honneur de s'y intéresser.

18 juillet.

A. CHÉNIER, *la Liberté.*

Non : « je suis d'avis qu'on ne doit attaquer personne : mais il est bon de se venger (lisez *défendre*). Quelque forte que soit la vengeance, le tort est toujours à l'agresseur. M. J. CHÉNIER. »

7° En dessus, une *COURROIE* à laquelle est pendue, séparant les deux colonnes des Adieux, un *FUSIL* (affûtoir) de mon dit voisin et boucher. Sur la courroie : « AUX VIVANS ? — DES ÉGARDS...... AUX MORTS ? — LA VÉRITÉ » Sur le fusil : « The first sanscrit verse ever heard by mortals was pronounced in a burst of resentment. » W. JONES, trad. de *Sacontala*, préface.

> *Archilochum sævo rabies armavit iambo.* HOR.
> *Si natura negat, facit indignatio versum.* JUV.

8° Entre la véridique courroie et une lame de *SCIE* (1), qui porte écrit JUSTICE

---

(1) Au côté gauche de la scie, ces mots dont je suis un peu honteux : « M. Lebrun, fâché tout rouge (historique) : *Vous inculpez ma justice ?* » — Réponse (intime) de N. Cirier : *Ta justice..... elle est propre, ta justice !* »

remarquer dans ma lettre du . . . 1839, M. Lebrun, dans son mémorable et
heureux poème du *Bonheur d'avoir étudié*, M. Lebrun, que certes on n'accusera pas d'avoir ÉTUDIÉ LA JUSTICE dans les vers de son noble et malheureux
confrère en académie, M. Lebrun raj   blement encore, *justice* et *caprice*. Voy

tranquilliser le cœur qu

Ma mémoire s'est refusée à signaler l
lement elle répond de *caprice* et de s

3° A droite et à gauche, deux *MORDA*
administrant et administré. « Les pr
tenaient de droit à l'homme juste, se
mier exemplaire a donc été offert l
l'Imprimerie Royale. — Ils ont été a
MM. Auguste Rousseau, Desenne aîn
malin contrôleur des impressions ; sar
gon. — Le restant des exemplaires at
teurs attachés à une administration qu

Bords intérieurs du cadre :

4° A gauche, un *MAT DE COCAGNE* polyglotte: « Dieu, *Deus*, Θεός,
Dio, Dios, God, Gott, etc. » *Qui vicerit possidebit hæc.*— Apoc. XXI, 7.

5° A droite, *ECHELLE* allégorique, au-dessus de laquelle (en sanscrit): *Regem
Philippum tueatur magnus Deus.*

6° Au bas, le *COUTELAS* (avec sa *GAINE*), de mon voisin Lasseray, mon
boucher, et la note n° 2, répondant au mot *Némésis* du texte: « NE METS
ANE (avis à B. et surtout à L.), et NÉMÉSAN, *justement s'indigne*. Lancelot
(Racines grecq.) — Συνεκέρασε τὸ σῶμα, τῷ ὑστεροῦντι περισσοτέραν δοὺς τιμήν.....
a mis un tel ordre dans tout le corps, qu'on honore davantage ce qui est moins
honorable de soi. » I, Cor. XII, 24, trad. de Sacy. ὑστεροῦντι signifie littérale-
ment *ce qui est ou qui devrait être mis à la queue*. — — L'attaque, et même
l'indignation, la haine selon la charité, est la plus grande des charités. M. M.
Avertissemens à la capitale, etc.

O juste Némésis! si jamais je puis être
le plus fort à mon tour, si je puis me voir maître,
je serai dur, méchant, intraitable...... »

A. CHÉNIER, *la Liberté.*

Non : « je suis d'avis qu'on ne doit attaquer personne : mais il est bon de se venger (lisez *défendre*). Quelque forte que soit la vengeance, le tort est toujours à
l'agresseur. M. J. CHÉNIER.

7° En dessus, une *COURROIE* à laquelle est pendue, séparant les deux colonnes des Adieux, un *FUSIL* (affûtoir) de mon dit voisin et boucher. Sur la
courroie : « AUX VIVANS ? — DES ÉGARDS...... AUX MORTS ? — LA VÉRITÉ »
Sur le fusil : « The first sanscrit verse ever heard by mortals was pronounced
in a burst of resentment. » W. JONES, trad. de *Sacontala*, préface.

Archilochum sævo rabies armavit iambo. HOR.
Si natura negat, facit indignatio versum. JUV.

8° Entre la véridique courroie et une lame de *SCIE* (1), qui porte écrit JUSTICE

(1) Au côté gauche de la scie, ces mots dont je suis un peu honteux : « M. Lebrun, fâché
tout rouge (historique) : *Vous inculpez ma justice?* » — Réponse (intime) de N. Cirier : *Ta
justice..... elle est propre, ta justice!* »

en dix ou douze langues, un assez beau *MASQUE*, une tête de veau non piqué, qu'il m'avait fallu chercher long-temps dans la nature... Voyez ci-après,
p. 65, l. 15. C'est la pièce que je regrette le plus (1). Elle était (dans mon dessin) exposée en vente sur quelques feuillets des « LUCUBRATIONS TYPOGRA-
PHIQUES de P.-A. RETRO, T. I⁰ʳ, *Voyage en Graisse*. 2⁰ éd. revue, corr. et
illustrée par N. Cirier, correcteur homœopathe, membre de l'Institut ép., etc. »
Sur un autre de ces feuillets on lisait : « Voyage en Graisse, p 24.

> La froide politique alors serait ma loi...
> Ah! je ne veux pas être roi. »

Et sur la langue même du veau non piqué :

> « Non! je ne veux pas être roi. »

A gauche, un pot de raisin ; à droite, un broc de gaz, et au-dessus, en guise
d'auréole :

> « Aujourd'hui que les sciences, les arts et les lettres comptent tant de GRANDS
> HOMMES, que le public (bon Flosi! excellent public!) est avide de contempler, la
> moulure, qui a pour objet de nous les représenter, devait tendre à une grande per-
> fection. Cependant, il est un fait reconnu des artistes et des amateurs de sculpture,
> c'est que les masques pris sur la nature vivante, manquent tous d'expression et de
> vérité. — FLOSI, sculpteur, galerie Colbert, 7. »

10° J'abrège : entre les bords intérieur et extérieur du bavard encadrement, deux
PLATEAUX de balance, une large *BLAGUE*, et au-dessous, la *BELLE
TÊTE* de la fable 1ʳᵉ d'Esope; trois *SINGES*, ou plutôt un seul, moi, votre
serviteur; un autre *SINGE*, unique, tout différent des premiers, délicieusement accroupi entre une grosse *POMME* et un gros *SIFFLET*.—N'oublions
pas *DOUZE PIPES*, et à côté du n° 1, ce *nota bene* : « A. culotte ou culot-
tait simultanément, avec aisance et dans la perfection, douze pipes ni plus ni
moins (on le tient de lui-même); et nous, le malavisé correcteur, nous faisions
marcher de front, à grand' peine et fort mal, dix ou douze langues tout au
plus.
Et mon CASQUE? et mon COLIMAÇON observateur? et la riche PAIRE D'OREILLES,
égayée de trois mots du malin Arouët (2)? et l'innocent OISEAU PALMIPÈDE? et l'OI-
SEAU RAVISSEUR, à la serre tenace (*justum et tenacem propositi virum*)? et la
LAMPE, et la GRUE? et la COURONNE d'AUtem? (3) et l'ARCHET (4), la MUSIQUE, la
PELLE et les PINCETTES? etc., etc., etc. Ah! lecteur, venez donc voir tout cela dans
mon cabinet, si mieux vous n'aimez dans celui de M. Lebrun   ou de
son auguste vice-roi.
Mais non! vous n'en avez ni le loisir ni la commodité : je vais donc faire un effort
sur moi-même et continuer de transcrire.
11° La note n° 1 des Adieux, colloquée sur le *PLATEAU* à gauche : remarquez
qu'elle répond à ces vers du texte :

> Chinois..... que m'avez-vous rapporté? — Presque rien :
> quatre mots dans la tête, et néant dans la bourse.

« .... Vos connaissances n'en sont pas moins précieuses assurément, et pour vous-
même d'abord, qu'elles récréent, qu'elles consolent, qu'elles soutiennent, comme
elles l'ont toujours fait, ainsi que nous le dit l'orateur qui vous est bien connu :
*Studia adolescentiam alunt, senectutem oblectant, secundas res ornant, ad-
versis perfugium ac solatium præbent; delectant domi,* NON *impediunt foris...*

---

(2) Grétry ! les oreilles des grands
sont souvent de grandes oreilles.

(3) Couronne qui obantait : *Omnes quidem currunt, unus AUtem bravium accipit.* I Cor.,
IX, 24. —(4) L'archet râclait ceci : « Qu'ils chantent, pourvu qu'ils *palent!* — Payé de ma
personne, pendant huit ans! payé de mes appointemens, soufflés en 1832 par un intrus! »—
Intrus?.... honni soit qui mal y pense! et voir la note p. 35, l. 1 et 2.

> Huit ans déjà passés, une impie étrangère
> du sceptre de David usurpe tous les droits,
> se baigne impunément dans *l'argent* de nos *doigts*.—ATHALIE, I, 1.

(1) Je la regrette à tel point, que, pour la sauver tant bien que mal du naufrage autographi-
que, j'ai saisi comme une planche de salut le procédé xylographique. Je n'ai pas craint de
me faire honnur en traduisant à la hâte, sur un méchant morceau de bois, ayant pour dictionnaire un mauvais canif, le dessin, déjà pas trop beau, de mon crayon mal-appris. Mais,
je le confesse pour la vingtième fois, je suis correcteur, correcteur d'imprimerie n'importe
quelle, et au besoin compositeur. — On remarquera aussi qu'en le reproduisant en petit jusqu'à neuf fois, j'ai su tirer de ce masque un cul-de-lampe pour le bas de ma Dédicasse, un
décor pour l'encadrement de ma couverture et des armoiries pour M. Lebrun.

(2) Grétry ! les oreilles des grands
sont souvent de grandes oreilles.

(3) Couronne qui chantait : *Omnes quidem currunt, unus AUtem bravium accipit.* I Cor.,
IX, 24. — (4) L'archet râclait ceci : « Qu'ils chantent, pourvu qu'ils paient ! — *Payé de ma
personne, pendant huit ans* ! payé de mes appointemens , soufflés en 1832 par un intrus ! » —
Intrus ?.... honni soit qui mal y pense ! et voir la note p. 35, l. 1 et 2.

Huit ans déjà passés, une impie étrangère
du sceptre de David usurpe tous les droits,
se baigne impunément dans *l'argent de nos doigts.*—ATHALIE, I, 1.

(1) Je la regrette à tel point, que, pour la sauver tant bien que mal du naufrage autographi-
que, j'ai saisi comme une planche de salut le procédé xylographique. Je n'ai pas craint de
me faire honneur en traduisant à la hâte, sur un méchant morceau de bois, ayant pour dictionnaire un mauvais canif, le dessin, déjà pas trop beau, de mon crayon mal-appris. Mais ,
je le confesse pour la vingtième fois, je suis correcteur, correcteur d'imprimerie n'importe
quelle, et au besoin compositeur. — On remarquera aussi qu'en le reproduisant en petit jusqu'à neuf fois, j'ai su tirer de ce masque un cul-de-lampe pour le bas de ma Dédiquasse, un
décor pour l'encadrement de ma couverture et des armoiries pour M. Lebrun.

Je tiens singulièrement aussi à la pointe de mon *coutelas*, telle que je l'avais comprise et
préparée à grands frais de gravure sur liége (RETRO), de papier rouge et d'emporte-pièce.

FLEBIT, *et insignis*

totâ cantabitur urbe.. — HORACE. — Le 28 mai 1839, alors qu'il n'avait pas encore atteint le maximum de madame Malbrouck *(sic)*, on on avait l'honneur d'écrire à M. Lebrun en lettres moulées (Voyez l'*Apprentif*, III, p. 5) : « .... Mon épigraphe voilée, ces trois mots si énergiques du tendre Racine *(Poursuis, Néron, poursuis!)*, ne sont là que pour mémoire d'un rêve affreux, qui me faisait dire ceci encore : *Tout n'est pas dit : il faut essayer de déconcerter cette désolante impassibilité; il faut, une dernière fois, mais plus haut, mais plus amèrement que jamais, me plaindre de sept années déjà de ma vie cruellement* EMPOISONNÉES, etc. — Et puis Horace me soufflait ces mots :

NEC QUISQUAM NOCEAT CUPIDO MIHI PACIS : AT ILLE

QUI ME COMMÔRIT (MELIUS NON TANGERE, CLAMO)

FLEBIT, ET INSIGNIS TOTA CANTABITUR URBE. »

Assurément, M. Lebrun a eu tort de RECULER, en mars 1839, devant la modeste, infiniment modeste réclamation de son *vieux serviteur*, et je crois qu'il s'en mordra les doigts.

MASOLE, une tête de veau non pi-

Non assurément, car vos études polyglottes vous procureront toujours un emploi honorable, si ce n'est très lucratif de votre temps (*Lettre de M. Crapelet*, 20 août 1837).—Espérons que, dans la seconde édition des *Français*-Curmer, on adjoindra aux mille et une TRANQUILLES MANIES de l'EMPLOYÉ ; 1002º, l'*abonnement à cinq ou six* langues ; 1003º, la *classification des mots* ; 1004º, la *collection* des étymologies, etc. »

12º L'autre *PLATEAU*, note 5, relative à ce passage du texte :

.... changer, dans maint volume,
le français des auteurs en français de sa plume.
Et voilà comme on fait les bonnes maisons! Rac.

« On prétend que grâce à ce système de correction, nouveau, merveilleux, unique, essentiellement approprié à la spécialité, à la position suréminente, exceptionnelle, de son inventeur, l'Imprimerie Royale est parvenue à réaliser d'assez beaux bénéfices....

Rare et puissant effort d'une imaginative
qui ne cède en vigueur à personne qui vive ! — Mol.

« Rich exuberance of Calidasa's genius. » — W. Jones.

Qu'on vienne à présent trouver mauvais qu'un grain de vanité....

Men would be angels, angels would be gods. — Pope.

qu'un grain, dis-je, de vanité ait pénétré dans le cœur de notre CORRECTEUR EN CHEF, qui, cependant, n'aspirait point, que je sache, à un titre plus relevé, mais seulement à ne point demeurer stationnaire en présence du caissier, mais seulement à obtenir des appointemens un peu moins indignes que $3,500 + 300$ de sa haute et patriotique spécialité.

A. n'a point été augmenté : mieux que cela, il a été, en 1838, traîtreusement dégradé, ravalé jusqu'à la 1re classe, par la soi-disant justice inflexible de M. Lebrun. — Et M. Barthe l'a souffert....

Saint amour du pays, qu'étiez-vous devenu ! — T.

Au reste, on a pu comprendre depuis ce jour néfaste, que A. n'est point un personnage cornélien, qu'il *n'aspire* aucunement *à descendre.....* Pas si bête ! »

13º La *BLAGUE*, note 3, du vers *Audiguet ! loin de moi.....* :
« Dans les premiers jours de la présence de mon *remplaçant* à l'Imprimerie Royale, je disais et écrivais Audiguet, n'en sachant pas davantage alors : je n'ai pas tardé beaucoup à apprendre l'orthographe..... Oui, je me sens de force aujourd'hui à bien remplir une des plus importantes conditions requises par le Manuel du solliciteur : *Mettre exactement l'orthographe des noms.* »

14º Le *CASQUE* : «..... Ils en sont venus jusqu'au point de regarder un savant comme très heureux, dès qu'il peut ne pas mourir de faim. La moindre fortune dans un homme de lettres paraît étonnante ; et si, après trente ans d'études et de travail, un écrivain obtient une pension de cinq ou six cents livres, il est félicité de tous ceux qui le connaissent, comme s'il n'avait plus rien à désirer. » (Marquis d'Argens, *Lettres morales et critiques sur les différens états et les diverses occupations des hommes*). — «... Votre situation est heureuse. » (*Lettre de Pierre Lebrun à Nic. Cirier*, du 27 février 1839).

Quanta sit in' medià clementia Cæsaris ir'â,
si nescis, ex me certior esse potes. — Ovid.

15º L'*ESCARGOT* : «..... Dédié à M.... [P. Lebrun.] — Ce fut la volonté de mon ami : j'ai dû la respecter. C'est un souvenir qu'il a voulu laisser à son gracieux chef, un *ADIEU* à ses camarades les employés qu'il a la douleur de quitter. (N., *Dernier jour d'un employé*, p. xii). — Ah! si mon père, au lieu de m'envoyer au collége, m'eût fait apprendre un bon métier !..... Et mon père m'a fait faire des études, c'est à dire que j'ai appris un peu de latin, très peu

de grec, et encore moins de français.... Oui, j'ai passé dix ans à apprendre tout
cela ... Je vois mes anciens camarades dans l'opu(?)lence, dans les hon(?)neurs,
et moi, pauvre que je suis! Et cependant, si j'ai bonne mémoire, ils n'étaient pas
plus savans que moi. » *Id., ib.*

Respirez, lecteur! voilà qui est fini : vous possédez à peu près toute la partie par-
lante de mon cadre ; vous avez toute la moelle de mon veau. Il ne vous manque
guère que le *Cirier fecit*, un peu long, ainsi formulé :

« *Nic. Cirier invenit, delineavit*, *chartæque autographicæ utcumque man-
davit, eâdem ipsâ manu, quam velit et Deus opt. max., quemadmodum et ve-
getam oculorum aciem, strenuam ad extremum usque diem servare, usibus
aliquantulô nimus inamœnis in posterum, ut sperat, agitandam; imò, si vacat
et procurare, velit ipse Deus ὁ φιλάνθρωπος, fratribus in universum, imprimis
autem* INEMPLOYABILIBUS (manchots, etc.) *misericorditer obtendendam.* » —
Le *masque*, pièce de bœuf de ce maigre repas, de ce festin ridicule, a été dessiné
par le pamphlétaire devant l'étal d'un tripier, sur le petit marché de la Pénitence.
— Il est trop patent que les autres animaux n'ont point été dessinés d'après nature,
et surtout le singe n° 3, le singe cadenassé, celui qui a perdu sa dernière oreille et sa
dernière plume. »

P. S. — Dès avant le regrettable vandalisme de notre méticuleux lithographe,
nous avions pensé à reproduire en types mobiles quelques parties, trop peu lisibles
peut-être, de nos Adieux : de là, un *avis au lecteur*, chargé d'une *note* que nous
tenons à exhiber en entier ; nous y attachons de l'importance :

« Dans notre impatience,

(...... *ut fuso taurorum sanguine centum,*
sic capitur minimo thuris honore deus).

dans notre juste impatience d'offrir à M. Lebrun quelque chose qui
pût le flatter, nous avions précipité, griffonné l'autographie de nos *Adieux*, au point
de n'être pas toujours lisiblE (*). Pour réparer ce mal, la typographie nous offre
le secours de ses complaisans élémens, etc. ».

« (*) *Sic*, n'en déplaise à A. et aux illustres $\frac{3 \text{ ou } 4}{40}$, dont il a provoqué la consultation.

Je saisis (car j'ai à cœur, moi aussi, de ne pas passer pour un trop mauvais confrère) je saisis volontiers cette occasion de déclarer qu'ici et ailleurs, et toujours,
je ne me suis occupé qu'accidentellement, et à mon corps défendant, de mon estimable frère en correction, *Audi*.....

Ecoutez! écoutez une petite histoire, curieuse et touchante, qui vous fera palper
ma pensée. Pour la commodité d'un certain nombre de lecteurs, à commencer par
A., je la traduirai (du latin de LICETUS, *de Monstris*) :

— Une femme, déportée pour crime dans une île déserte, était à peine débar-
quée, qu'elle se vit entourée d'une multitude de singes empressés, qui bientôt la cé-
dèrent au plus grand d'entre eux. Celui-ci, la prenant doucement par la main,
l'emmena dans une caverne profonde, et elle eut bientôt à sa disposition abondance
de fruits, de noix, de racines, apportés par ces singes, et notamment par son ravisseur, lequel, après l'avoir invitée par signes à manger, lui fit violence ; et de ce
commerce, long-temps continué, naquirent deux enfans. Après deux années de cette
horrible vie, la Providence, prenant pitié de cette malheureuse, envoya dans l'île
un vaisseau portugais. Des matelots vinrent faire de l'eau à une source voisine de la

caverne, dont le maître était absent par aventure. L'infortunée, qui, depuis si long-temps, n'avait pas aperçu visage d'hommes, accourt, se jette à leurs pieds, et les supplie de l'arracher tout à la fois au crime et à l'esclavage le plus hideux. Ils ont pitié d'elle et l'embarquent. Le singe arrive sur ces entrefaites, gesticulant d'une manière étrange, et rappelant à lui sa compagne par des gémissemens passionnés. Dès qu'il voit qu'on a mis à la voile, il court prendre un des enfans, le montre à sa mère, avec menace de le jeter dans les flots si elle ne revient, et il accomplit impitoyablement sa menace. Il retourne en toute hâte prendre le second; il le montre également, menace encore, le précipite; et finit par se précipiter lui-même, suivant à la nage, jusqu'à l'entier épuisement de ses forces. L'authenticité de ce récit est avérée pour les Portugais. La malheureuse fut condamnée au feu (et pourquoi, S. V. P.? — Question du traducteur); on voulut bien lui faire grâce de la vie, en la reléguant pour le reste de ses jours dans un couvent.»—Le représentant du peuple, F. FALCON, qui rapporte ce fait dans ses *Fruits de la solitude et du malheur* (8o, fructidor, an IV), p. 60, ajoute : « L'ouvrage de Licetus est aussi rare qu'il est curieux..... Quant au singe, dont l'histoire est appuyée sur des témoignages authentiques, il est difficile, en vérité, de ne pas s'attendrir un peu sur son sort. »

Vous faut-il une clé, un commentaire, ami lecteur?.... Eh bien! je suis le singe qui prétend ravoir sa femelle, et qu'on réduit à la douloureuse nécessité de sacrifier à cet impérieux et assez légitime désir deux pauvres petits qui lui sont bien chers..... Vous comprenez que A. est l'un des deux magots, *ad libitum*. J'ajoute que M. Barthe est le vaisseau ravisseur, M. Lebrun le matelot ravissant.... oh! ravissant, sur ma parole! — « Le supérieur le plus insupportable qui se puisse imaginer », comme disait l'autre jour, de M. Thiers, un gai correspondant de la GAZETTE, 40, 3, 29 ; 4, 60. »

« .... Un ex-ouvrier (*) qui reprendrait gaîment sa blouse, etc. » — P. 58 du texte, 5e alinéa.

NOTE. — (*) Redevenu ouvrier depuis hier :

« Monsieur, — M. Gros (successeur de M. Gratiot) vous invite à passer chez lui, pour y être employé comme compositeur. — J'ai l'honneur, etc. — JAMAIS. — 5 mai 1840. »
(Onzième anniversaire d'un mariage contracté six mois après que je me fus *assuré* la brillante position de correcteur de 2e classe à l'Imprimerie Royale.)

Hier donc, j'ai remercié de nouveau la Providence qui me casait de rechef, qui me rendait un certain *rang*. J'ai couru chez M. Gros, j'y ai trouvé une casse pas trop sale, pas tout à fait vide, et j'en ai tiré sans trop de peine, en moins de trois heures, la moitié d'un balluchon de cinquante lignes petit-texte à vingt-neuf sous......

Le souvenir de la glorieuse et bienfaisante administration de M. Lebrun me disait ici d'allonger de quelques mots cette note : mais je me souviens aussi que l'estimable corrigeur (1) de mon Pamphlet, M. Lecomte, m'a demandé l'autre jour si cela ne finirait donc jamais? Comme moi, il est plus que rassasié de ces interminables corrections, additions, etc., qui ne sont pourtant ruineuses que pour moi.

Finissons donc enfin! Il ne s'agit plus de faire composer, mais de composer moi-même. Faisons, faisons des lignes! Piochons, et piochons dur! — Au revoir donc, M. Lebrun de l'Institut.

P. S. — Je ne veux point manquer de dire avec quelle bonté j'ai été accueilli par M. Gros, qui m'a dit: *Nous vous occuperons*, bien qu'il ne voie en moi qu'un *amateur*. — Je vais m'évertuer à lui prouver qu'il se trompe... Allons piocher !

Second et dernier *P. S.* — Voilà que je retrouve dans l'imprimerie Gros un compositeur, M. Duhamel, qui m'avait connu célibataire et compositeur. Il veut savoir pourquoi et comment, des hauteurs de la correction régio-typographique, je suis redescendu à l'humble maniement du composteur: je lui réponds, plus naïvement qu'élégamment, que « j'ai vu à l'Imprimerie Royale tant et de si grosses cochonneries administratives, qu'après avoir patienté quatre ou cinq ans, j'ai cru (je le crois encore) qu'il n'y avait plus moyen pour un homme de cœur de ne pas f..... son camp. »

Si Romæ fueris, romano vivito more..... ce qui signifie en bon

_____

(1) Voir p. 9, note 1, du texte.

français : « Autres gens, autre style! » — Voici ce que j'écrivais au patron lui-même, huit jours après mon entrée triomphante :

« Monsieur, — J'entends dire que votre correcteur, rappelé par sa famille, ne doit pas rester long-temps encore chez vous. — Si cela est, et si d'ailleurs vous n'avez pas contracté d'engagemens, daignez penser à un homme sans parens, qui a une famille à soutenir. — Je peux, je dois ajouter que j'ai fait mes preuves : admis par concours en 1828 à l'I. R., en qualité de correcteur de 2ᵉ classe, j'en suis sorti en 1836, volontairement sans doute, mais non pas certes volontiers !.. Les quatre ou cinq dernières années me réservaient de quoi pousser à bout la patience du plus patient homme de cœur. — Je saisis avec empressement, monsieur, cette occasion de vous remercier de l'extrême bonté avec laquelle vous avez accueilli et promis d'*occuper* — Votre très humble et dévoué serviteur. — N. CIRIER. » (1)

Tout bien considéré, je n'avais rien de mieux à faire que de décrocher et dérouiller au plus vîte mon composteur, ce noble outil, réduit depuis douze ans, dans mon cabinet, au triste rôle d'acteur muet : la composition, vu les menaçans progrès de l'envahissante vapeur, la composition est une ressource plus assurée que la correction. Si mes petites prévisions ne me trompent point, sous peu on aura trouvé le secret de se passer de correcteurs. Déjà MM. les typothètes (dites, si vous voulez, compositeurs) se permettent d'appeler *culotte* un correcteur assez courageux, assez de son son pays pour les prier d'espacer régulièrement... Et je commence à croire qu'ils ont raison, et que tout correcteur, hormis les potentats de l'Imprimerie Royale, fera bien de les imiter... Brassons! brassons la besogne! donnons-en au monde pour son argent.

Quant à moi d'ailleurs, moi le ci-devant correcteur, j'ai toujours, je ne rougis point de l'avouer, j'ai toujours aimé les ATELIERS, et par suite les GARGOTTES : j'ai cru reconnaître et je pense pouvoir prouver qu'on s'y trouve en aussi bonne compagnie pour le moins (2) que dans les *BUREAUX* et dans cette autre catégorie de CUISINES BOURGEOISES qui *RESTAURENT* quelquefois si mal.

A présent que j'ai le bonheur d'avoir réconquis une position, je saurai m'y tenir. Je compte cette fois faire preuve de tant de bonne volonté que je ne mériterai plus d'être *démoli*. Je me garderai d'oublier que c'est l'ambition qui m'a perdu à l'I. R., où j'ai eu la faiblesse de compter sur le mieux qu'on m'y avait fait espérer dès mon entrée, au lieu de m'estimer heureux que M. Lebrun   qui, lui, ne m'avait rien promis, voulût bien ne me pas faire descendre au dessous de la 2ᵉ classe.

Sans avoir été jamais bien grand moi-même, je connais assez les graves inconvéniens, les tristes mécomptes de la grandeur pour ne vouloir pas

(1) J'ai remplacé en effet M. Lecesne, correcteur de M. Gros, mais seulement pour quinze jours : il est revenu à son pupitre, et moi j'ai repris ma casse.

(2) « . . . Si quelque différence essentielle les distingue, elle est au préjudice des plus dissimulés. Le peuple se montre tel qu'il est, et n'est pas aimable ; mais il faut bien que les gens du monde se déguisent : s'ils se montraient tels qu'ils sont, ils feraient horreur. » — J. J. ROUSSEAU.

m'élever au-dessus de la condition de simple *paquetier* (1), pour n'aspirer pas à une *mise en page* ; et quoique j'aie pendant sept années, dans ma modeste proterie rémoise, exercé ces hautes et délicates fonctions, je tremblerais aujourd'hui de les accepter. Je craindrais de paraître aussi gauche, aussi inepte que l'était, n'en déplaise à la *médaille* * (voir p. 15, et l'*erratum* en regard du frontispice) que l'était, en 1831 et années suivantes, *LEBRUN V* (1), quand la roue de fortune eut éclaboussé sur sa tête anti-typographique la succession de *ROBERT ESTIENNE*, Ier du nom.

Avec le temps je pourrai obtenir, sinon un plus haut rang, au moins un rang mieux éclairé, peut-être même une *tête de rang*, et rien ne manquera plus à mon, à notre bonheur....

> Il ne faut pas tant d'art pour conserver ses jours,
> et grace aux dons de la nature,
> la main est le plus sûr et le plus prompt secours. — La Font. X, xvi.

Sans doute ! et bien que, comme le gentilhomme de cette *fable*, je puisse DIRE :

> Moi je sais le blason, j'en veux tenir école,

je puis aussi, grace à Dieu, FAIRE comme le pâtre, faire *des fagots dans un bois*... Et vous comprenez que, entre des *fagots* et nos *paquets* (de lignes) quand nous composons pour certains auteurs, il n'y a pas, à beaucoup près, l'énorme différence qui se trouve entre M. Lebrun et un habile homme.

Adieu donc ! adieu à cette qualité d'*employé*, si désirée, si recherchée, qualité sur laquelle on se rue, à laquelle on se cramponne en désespéré ! (Voyez les FRANÇAIS-*Curmer*, voyez *Le dernier Jour d'un Employé*, pp. x, xj, et 155.) Adieu à un genre de vie pour lequel, en définitive, je ne me sens point une *épine dorsale* assez *flexible* (*Manuel de l'Employé*, p. 28.) Cet adieu, faites-moi l'honneur de le croire, n'est point le dédain du renard..... car voici ce que j'écrivais avant-hier à l'excellent M. DUBEUX, conservateur-adjoint à la Bibliothèque royale (il est déjà question de lui dans le présent Pamphlet, III, p. 8) :

« Monsieur, — Ce que j'ai à vous écrire est grave, a de la portée, et, selon mon

---

(1) « Le gain quotidien d'un bon paquetier » (dans les circonstances les plus favorables)...... « peut atteindre quatre francs, » — A. T. SCOTT, *Annales de la Typographie*, mars 1840.

Samedi, 13 *juin*. — Voilà que je me sens heureux et presque fier de pouvoir compter pour un paquetier pas trop mauvais. Ma banque de la quinzaine, malgré une journée et demie donnée à la nécessité de *veiller pour l'ordre et pour la liberté*, comme chantait l'harmonieux Besnard, ma banque, tout compris, est de 32 fr. 60 c.

* « Toutes les personnes extraordinaires dans quelque profession que ce puisse être, ont la folie des monumens et des inscriptions. » — FONTENELLE, *Dialogues des Morts*.

(2) *Martyrologe littéraire*, p. 190.

habitude en pareille occurrence, je me proposais de laisser courir au moins une nuit sur mes premières idées. — Mais un sentiment impérieux me presse et ne me permet point d'ajourner.—Ce sentiment, monsieur, c'est la reconnaissance.. J'apprends à l'instant que votre bonté vient de se produire par de nouveaux et précieux témoignages : je craindrais que l'expression de ma gratitude ne parût être en retard seulement d'un quart d'heure. — Je regrette, vivement, monsieur, que ma situation (qui osera prétendre en connaître mieux que moi les exigences?), je regrette que ma situation ne me permette pas de correspondre à vos vues. —Vous voulez m'occuper, m'assurer de nouveau à la Bibliothèque Royale un travail qui m'y manquait depuis plusieurs mois : je dois vous informer que, grace à Dieu, j'ai trouvé à me pourvoir depuis dix jours. Je suis rentré, ou plutôt je suis resté, dans mon élément, la typographie..... Ici encore, quelqu'un sera-t-il assez hardi pour affirmer que le travail qui me nourrissait en 1828, 1827, etc., me convient moins que celui qui m'était destiné par votre bienveillante sollicitude ? — J'ai été taxé de manquer d'*exactitude* (dans un travail de copiste à la Bibliothèque Royale, à tant la carte) ; il eût été plus exact de dire *assiduité*. Quant à de l'*exactitude* proprement dite, cette consciencieuse exactitude qui donne au travail la mesure de temps et les momens voulus, j'ai la confiance d'en avoir montré toujours là où il en fallait réellement, là où elle était un devoir, par exemple à l'Imprimerie Royale. Si quelqu'un osait insinuer le contraire, je lui assénerais sans hésiter le plus brutal, à commencer par le noble pair (vieux style) qui m'a chassé d'où vous savez. — Pour ce qui concerne le manque d'*assiduité*, que j'avoue, il ne serait pas difficile de le justifier, notamment par une sorte d'occupation qui est loin de rapporter *hic et nunc*...... bien au contraire! — Je lisais souvent, ou travaillais à tout autre chose qu'au Catalogue?... J'ai fait précisément tout ce que faisaient mes estimables collaborateurs, un seul peut-être excepté.—Je connais, monsieur, aussi bien que personne le prix du temps, je n'abuserai pas davantage de vos momens : mais en vous disant une dernière fois combien je suis sensible à votre inépuisable obligeance, je dois nommer encore deux personnes au moins, MM. Magnin et Lenormant, qui m'ont prouvé efficacement, eux qui ne me devaient rien , qu'*ils me portaient de l'intérêt* (Voir mon pamphlet sous presse, l'*Apprentif administrateur*, II, bas de la p. 23; III, p. 8). Veuillez donc leur adresser mes remercîmens , et croire aux sentimens de — votre bien dévoué. — N. Cirier. »

Voilà mes adieux à la bureaucratie, adieux bien positifs, comme vous voyez , bien résolus, bien volontaires. Si pourtant quelque jour un concours ou autre chose venait de nouveau m'arracher, comme en 1828, à la composition, à ma case, à mon paisible *rang*, je me consolerais par la pensée de l'avoir honorablement occupé. Et peut-être que cet autre revirement de fortune m'apporterait la même petite jouissance que je vais vous conter.

En 1820, quand je quittai l'imprimerie Smith , pour aller à Reims πρωτεύειν (FAIRE LE PROTE, JOUER AU PROTE, *primas tenere*; être *primus inter pares*, comme dit Momoro, de nationale et sanglante mémoire), je me trouvai avoir mérité que mes confrères en composition m'invitassent à venir boire un canon dans je ne sais vraiment plus lequel de ces excellens *COINGS* dont abonde notre délicieux Paris... Ce canon d'adieux, à moi offert par mon metteur en pages, M. Guéneau, au nom de ses paquetiers et au sien , cet amical décilitre tendrait à prouver que je ne suis pas aussi insociable, d'un *esprit* aussi *difficile* que j'ai pu paraître à M. Lebrun   qui s'en est plaint plusieurs fois, verbalement et même par écrit, dans des pièces timbrées du sceau de sa généreuse et lumineuse administration , pièces que je conserve avec un soin reconnaissant....

Vous n'auriez point, incomparable académicien, écrit ou fait écrire ces infamies administratives.....

je vous parle un peu franc, mais c'est là mon humeur,
et je ne mâche point ce que j'ai sur le cœur,

vous n'auriez point proféré ces sottises, si les écrits, si l'or du Sage vous était aussi familier que le clinquant de vos trente-neuf co-éternels :

« Ὁ συκοφαντῶν πένητα.... En calomniant le pauvre on irrite celui qui le fit. » — *Proverb.* XIV, 31.

Que mon retour à la casse doive ou ne doive pas être définitif et sans retour à une situation qu'on voudrait appeler meilleure, toujours est-il que je me réjouirai d'avoir rencontré l'occasion de provoquer une amélioration dans le sort de mes confrères en composition.

J'ai aujourd'hui plus de confiance en mon idée qu'avant-hier, car je l'ai communiquée hier à un compositeur, qui m'a dit avoir eu déjà la même pensée.

Il s'agirait d'une petite innovation dans la fabrication des caractères : il faudrait rendre le *cran* plus sensible, aussi visible que faire se peut... On comprend l'importance de ce point pour nous autres malheureux leveurs de lettres, et, j'en suis bien sûr, l'ex-compositeur M. Duprat, que ses rares talens ont placé si haut dans un certain coin de la Vieille rue du Temple ; M. Duprat qui n'est pas seulement contrôleur des impressions...

et tout ce qu'il contrôle est fort bien contrôlé,

contrôleur des impressions à l'Imprimerie Royale, mais chef, ou tout au moins sous-chef de la fonderie ; M. Duprat, dont l'œil éminemment ty-pographique saisit avec tant de bonheur et redresse avec une si louable sollicitude tout ce qui *tourne à l'aigu* ; M. Duprat, j'en suis persuadé, a une trop belle ame pour ne pas accueillir chaleureusement ma modeste proposition, pour ne pas appuyer de son immense crédit mon avis typo-thético-philanthropique.

Ayons donc désormais un cran bien prononcé ; un cran en queue d'a-ronde, ou tout au moins rectangulaire ; profond, mais point assez pour exposer la lettre à se casser entre nos doigts. Le coup de rabot en serait moins facile, mais qu'à cela ne tienne !

Si M. Duprat veut bien entrer dans mes vues, je lui garantis, en outre de ma reconnaissance personnelle, les actions de graces, les applaudisse-mens prolongés, l'admiration toujours croissante de la typographie pari-sienne, française, européenne.....

* De tout temps les **MAUVAIS** livres ont été ma bête noire : croyant avoir besoin ici d'une vignette, j'ai voulu profiter de l'occasion pour lancer un vœu contre les mauvais livres ou n'importe quoi.

Car, remarquez bien, lecteur ami, ce mot chinois, 㠯 équivalent de la dernière syllabe de notre *Pater* français : MAL OU MAUVAIS, *malo*, πονηρῷ, etc. Ce mot est matériellement formé de deux parties, dont l'inférieure, 心, composée de quatre clous ou crochets, signifie *cœur* ; la supérieure, 㠯, enfermée entre deux traits horizontaux, qu'il m'a plu de traduire par deux plumes, se compose de ces deux traits, plus quelques autres que j'ai figurés par quatre fois **L**. Ce sera, si vous voulez, l'initiale de **Livre**, etc.

Ce mot, dans son entier, signifie *mauvais :* la partie supérieure 㠯 a, je crois, la même signification, lors même qu'elle est isolée : ainsi on pourrait trouver au mot 㠯 cet autre sens de *mauvais cœur*, ce qui est bien aussi odieux qu'un *mauvais livre* (1).

㠯, mal ou *mauvais*, est prononcé NGO par les Chinois. Si NGO vous semble dur, dites NIGAUD : d'autant mieux que *nigauderie*, *bêtise*, vont trop souvent de pair avec *mauvaistié*. Et Socrate n'a-t-il pas dit que l'*ignorance* est la source de tout *mal?* — Voyez, au surplus, mon APPRENTIF ADMINISTRATEUR, n° **I**, en regard de la p. 18, *A M. Barthe, son voisin*, VI° IGNORANCE, etc.

_____

(1) Je viens de m'assurer que 㠯 ne signifie pas *mauvais*, mais *second, inférieur*. Ainsi, l'ensemble des deux parties 㠯 et 心 pourrait offrir ce sens : *cœur de qualité inférieure*, ce qui est plus supportable que *mauvais cœur*.

Imprimerie BOULÉ et comp., 3, rue Coq-Héron.

rent pas journellement au moins deux larmes à un grand nombre —veur ou polyconnoinut, que vous importe?) croit pouvoir se flat- ter de l'avoir parcourue avec assez de bonheur. Qui de nous osse- rait assurer que sa dureté, son égoïsme ou son insouciance ne cou-

«... De mon temps je n'ay veu personne eslevé par la fortune à quelque grandeur extraordinaire, à qui on n'ait attaché incontinent des titres genealogiques, nouveaux et ignorez à son père, et qu'on n'ait anté en quelque illustre tige. »

« Il se dit qu'il fait bon avoir bon nom, c'est-à-dire crédit et réputation : mais encore, à la vérité, est-il commode d'avoir un nom qui aysément se puisse prononcer et mettre en mémoire : car les roys et les grands nous en cognoissent plus aysément, et oublient plus mal volontiers. »

(MONTAIGNE, *Essais*, livre I, chap. 46.)

On peut voir, p. 59 de notre brochure, qu'en imaginant *Lebrun de Vauzique* nous avons visé surtout à écarter le terrible inconvénient des homonymes : mais puisque nous avons été plus loin, puisque nous avons donné à l'honorable M. Pierre Lebrun, de l'Institut, un blason, des armes parlantes, nous ne ferons pas les choses à demi.

Il ne faut pas être bien avancé dans la sience héraldique pour s'apercevoir qu'il manque à l'écusson dont nous dotons l'illustre pair, 1° des *émaux*, 2° des *tenans*.

I. Personne n'ignore qu'*on ne met pas métal sur métal*, mais, comme chacun sait, il n'y a point de règle sans exception : or, nous connaissons trop bien les goûts de M. Lebrun pour ne pas chercher à le récréer par une exception sans conséquence. C'est pourquoi nous lui offrons sans hésiter un *veau d'or en champ d'argent*.

II. Quant aux *tenans*, nous y repenserons, car nous nous trouvons dans l'embarras du choix : trois remarquables volatiles se disputent l'honneur de garder, de *tenir* et maintenir l'écusson du NOBLE PAIR (1) : une *oie*, un *paon*, un *vautour*. L'oie est incontestablement acquise à M. Lebrun, mais nous nous proposons de lui demander à lui-même auquel, du paon ou du vautour, il convient de donner l'exclusion, ou, si, en cherchant bien, on ne trouverait pas dans le règne animal un individu qui cumulerait la double moralité du vautour et du paon?

(1) *Vieux style* : ainsi, nous autres typographes, nous appelons encore, nous appellerons toujours *marbre* ce qui, depuis des siècles, n'est plus qu'une pierre commune, grossièrement taillée.

(*) Par une étourderie à jamais déplorable, le graveur de ce cadre (c'est moi) a fourré ci-dessus une *grosse larme* là où il fallait une *croix d'honneur, et vice versâ* : mais parce qu'il est aussi paresseux qu'inconsidéré, il a dit comme Pilate : *Quod scripsi*

de ses frères malheureux? Deux larmes qu'un bon cœur eût pu prévenir. *Beatus vir....* Heureux, dit David, heureux l'homme qui comprend les besoins du pauvre! Heureux surtout celui qui s'occupe de les soulager! *Médit. Philanthr.*, Ms. inédit de N. C-.... | Mais dans l'ennui qui m'accable, | si mes amis sont heureux, | je serai moins misérable.»—Volt.

scripsi, et il a cru qu'un simple avis au lecteur pouvait suffire pour faire face à ce malheur... Et pourtant, arrivé avant la fin de la journée au terme de cette longue carrière d'honneur et de croix, d'exclamations et de larmes, l'auteur...

www.ingramcontent.com/pod-product-compliance
Lightning Source LLC
Chambersburg PA
CBHW051729090426
42738CB00010B/2167